Charles T. Newton, Richard P. Pullan

A History of Discoveries at Halicarnassus, Cnidus & Branchidae

Charles T. Newton, Richard P. Pullan

A History of Discoveries at Halicarnassus, Cnidus & Branchidae

ISBN/EAN: 9783337325862

Printed in Europe, USA, Canada, Australia, Japan

Cover: Foto ©Andreas Hilbeck / pixelio.de

More available books at **www.hansebooks.com**

A HISTORY OF DISCOVERIES

AT

HALICARNASSUS,

CNIDUS, & BRANCHIDÆ.

BY

C. T. NEWTON, M.A.

KEEPER OF THE GREEK AND ROMAN ANTIQUITIES, BRITISH MUSEUM.

ASSISTED BY R. P. PULLAN, F.R.I.B.A.

VOL. I.—PLATES.

LONDON:
DAY & SON, LITHOGRAPHERS TO THE QUEEN,
GATE STREET. LINCOLN'S-INN FIELDS.
1862.

TO

VISCOUNT STRATFORD DE REDCLIFFE,

UNDER WHOSE AUSPICES

THE RESEARCHES WHICH LED TO THE DISCOVERY OF THE MAUSOLEUM

WERE FIRST UNDERTAKEN,

THIS WORK

IS RESPECTFULLY

AND GRATEFULLY DEDICATED.

DESCRIPTION OF PLATES.

FRONTISPIECE.—View of Budrum from the entrance to a rock-cut tomb on the hill overlooking the Mausoleum, the site of which is marked by a mound surmounted by a flagstaff.

Plate I.—Plan of Halicarnassus (Budrum), on the base of the Admiralty chart, No. 1606.

Plate II.—Plan of Environs of the Site of the Mausoleum.

Plate III.—Plan of the Site of the Mausoleum.

Plate IV.—The same, with the positions of the Turkish houses built upon it marked in red.

Plate V.—Sections of the Site of the Mausoleum.

Plate VI.—Upper View.—The Staircase, leading down to the Great Stone at the Western Entrance into the Basement of the Mausoleum.

Lower View.—The Peribolus Wall on the North of the Mausoleum.

Plate VII.—Alabaster Vase, inscribed with the name of Xerxes in Hieroglyphics and Cuneiform characters, and in four languages, Persian, Median, Assyrian, and Egyptian.

Plate VIII.—Two Views of the Great Stone found at the Foot of the Western Staircase of the Mausoleum.

The upper view shews the inner face of this stone, and the edge of marble pavement on which it rested, below which is a drain, leading from the interior of the building into the lower gallery on the West.

Plates IX. X.—Four Slabs of the Frieze of the Order, discovered on the Eastern side of the Mausoleum.

Plate XI.—Upper View. The Heap of Pyramid Steps as found behind the Northern Peribolus Wall of the Mausoleum.

One of the figures in this view, is leaning on the upper course of this wall.

The Lower View in this Plate shews the appearance of the excavation on the North Side of the Mausoleum Quadrangle, before the discovery of the Peribolus Wall, on which rested the Garden Wall, seen on the right in this View.

Plate XII.—Four Views of the Excavations on the East and South sides of the Mausoleum Platform.

In the "View of Wall—South side of Platform," in this Plate, the conical hill at the foot of which the Mausoleum is built is seen in the distance beyond the flagstaff.

Plate XIII.—View, Plan, and Section of Staircase on the South side of the Mausoleum.

Elevations and Plans of Sepulchral Chambers, ibid.

Sections of Galleries in various parts of the Platform.

Plate XIV.—Three Views of Sepulchral Chambers on the South side of the Mausoleum.

View of Wall on the Eastern side of the Platform.

Plate XV.—Two Views taken in the Courtyard of the Konak of Salih Bey, the head-quarters of the Expedition ; the Lions and other Marbles from the Mausoleum, collected for shipment, are lying on the ground.

Plate XVI.—Plan of Basement.

The size of the sepulchral chamber which contained the remains of Mausolus is here laid down on the evidence of a cutting in the rock, the bottom of which is on the same level as that of the passage closed by the great stone found in situ.

The small scale of this chamber, and its somewhat irregular position in reference to the area of the basement may be accounted for, if we suppose the object to have been concealment of the exact plan of sepulture. Similar small chambers occur in the Pyramids.

Plan of the Peristyle and Cella.

The cells may have been used as a temple, and, in that case, there would have been a door at the west end, but, as no remains of architectural mouldings suitable for it were found, its external face is not restored, but its position merely indicated in the section.

It will be seen that the dimensions of the length and breadth of the cells are taken exclusive of pilasters.

Plate XVII.—Plan of Upper Part of Peristyle, showing the arrangement of Lacunaria.

Plan of the Pyramid, showing the positions of the Ridges and Cramps.

Plate XVIII.—Elevation of South Side.

This shows the edifice as it would be seen from the sea, rising grandly above the surrounding buildings.

Plate XIX.—Elevation of the West Front.

It is presumed that, according to the general analogy of Greek temples, the entrance was on the west side, though the main approach to the platform of the peribolus was most probably by a succession of terraces and staircases from the shore of the harbour on the south side. At each of the four corners of the basement is placed an equestrian figure, similar to the torso discovered in situ.

It is very possible that the podium was enriched by friezes or other sculptural decoration ; but, as no remains of figures or reliefs suitable for such a position were found, it has not been thought desirable to add such features to a restoration based as far as possible on positive data.

Plate XX.—Transverse Section, looking West.

This plate shews how the area of the sepulchral chamber must necessarily have been determined by the cutting in the rock. This chamber was probably covered by slabs, placed transversely across it, as in the case of the chamber found by M. Spiegelthal in the mound of Halyattes, near Sardis. (See Rawlinson's Herodotus, i. p. 339.) The two domical chambers or sheds are similar in dimensions.

Plate XXI.—Section through Peristyle at the Fronts, showing the Lacunaria.

This plate exhibits the probable construction of the pyramid and ceiling between the columns and walls of the cella on the fronts.

Section through Peristyle at Sides, showing Lacunaria.

Plate XXII.—Details of the Order.

Drawn to 1·10 scale.

Plate XXIII.—Half-Capital.

On a scale of 9 inches to a foot.

Plate XXIV.—Honeysuckle Ornament on Cymatium.

This is of extremely elegant character.

Plate XXV.—Various Stones.

Fig. 1. Section through Pyramid Stones, showing how the Ridges and Grooves fit one another.

Fig. 2. Upper Surface of a Course of Steps at the corner, showing the arrangement of the Ridges, and position of Cramp-holes.

Fig. 3. Under Side of a Step, showing the Grooves.

These parts of the grooves and ridges that were concealed by the step above are roughly worked, so that there were variations in the heights and widths, in some cases as much as an inch or more.

Fig. 4. The Stone with the 8-inch Tread, from the course immediately below the platform.

There has apparently been a ridge at the back as well as at the sides of this stone, showing that it must probably belonged to the pyramid.

Fig. 5. Elevation of end A.

Fig. 6. Elevation of end B.

Fig. 7. One of the stones from the Platform.

The hollows in these stones seem to have been made to receive the rocky base stones which the horses and chariot rested, portions of which are attached to the foot of the horse. As the sinking varies in depth, and the rocky base in height, no amount has been taken of the exact depth of the base in calculating the height of the pyramid and quadriga group. The extent of the rocky base beyond the horses and quadriga could not be ascertained.

Fig. 8. Side Elevation of the same.

Fig. 9. Similar Stone from Platform.

Fig. 10. Side Elevation of the same.

Figs. 11, 12. Two views of a Stone, which, probably, formed a support under the belly of one of the horses.

Fig. 13. Fragment, perhaps from the base of one of the Lions.

Fig. 14. Side elevation of the same.

Plate XXVI.—Various Stones.

Fig. 1. Outer Elevation of the lower stone of Architrave.

Fig. 2. Section through the same.

Fig. 3. Upper Surface of the same, shewing the ledges and the Rooms for Transverse Beam.

Fig. 4. Outer Elevation of the upper stone of Architrave.

Fig. 5. Section of the same.

There were two fragments of this stone found, one of which had a rough ledge at the back ; this is shown in the plate.

Fig. 6. Upper surface of same, showing the rooms for transverse beam.

Fig. 7. Top of a Step from the Basement.

Fig. 8. Top of Step of Stylobate, from the flank of the Peristyle.

Fig. 9. Elevation of the same.

Fig. 10. The Upper Side of Upper Lacunar Stone.

Fig. 11. Elevation of same.

Fig. 12. Under side of the same.

Figs. 13, 14. Elevation and Section of Stone, with two facies, corresponding with those on the transverse beam, with which they ranged.

Fig. 15. Upper surface of the same.

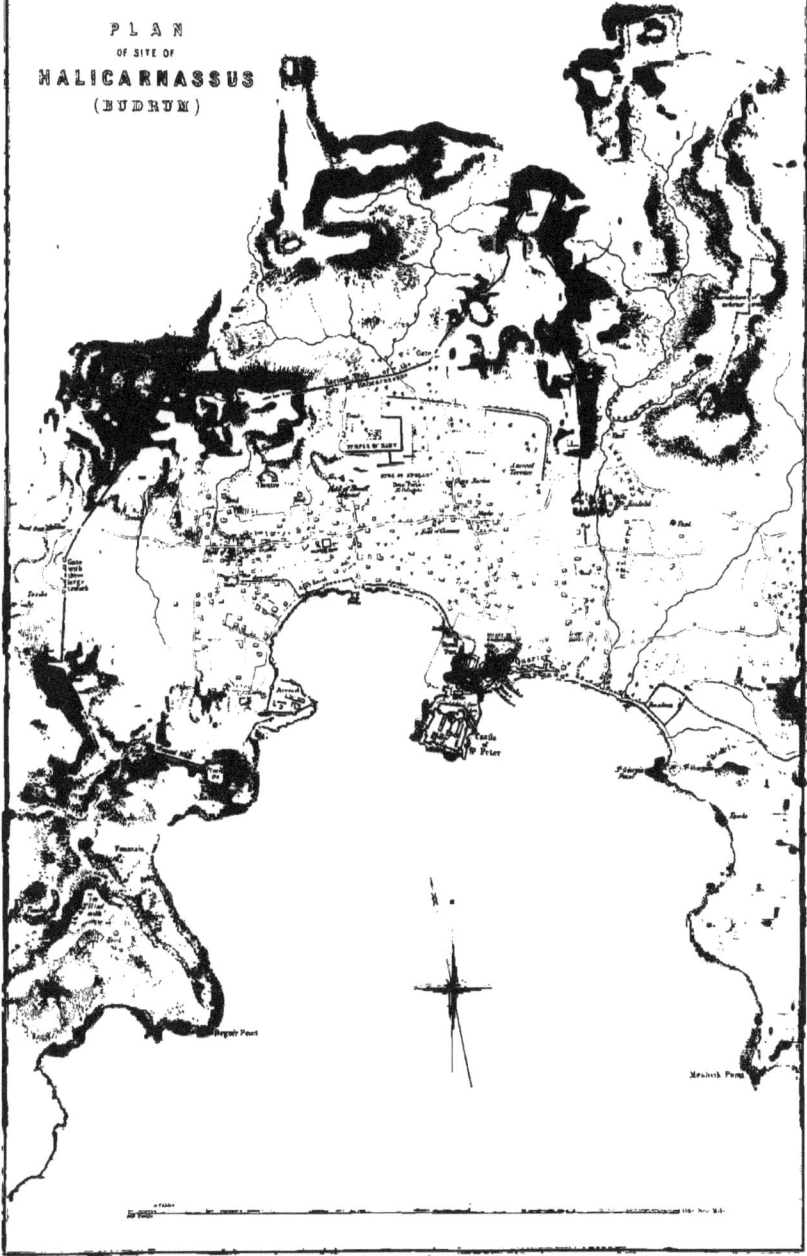

PLAN
OF SITE OF
HALICARNASSUS
(BUDRUM)

Road

Mosque

Peribolus Wall

Road

Burial Ground

Vakuf House

QUADRANGLE
OF THE
MAUSOLEUM

Ahmet Bey's Fig Field

Lower Gallery

Hadji Nathan's Property

Fragments of Wheel
& of Colossal Horse

Ahmet Bey's House

Mehmed's Property

Tank

Saliha's Garden

Ali Bey's House

Saliha's Harem

Ali Bey's Field

Salik Bey's Harem

Konak Court Yard

Ali Chicoma Garden

Salik Bey's Garden

Aqueduct

Salik Bey's Konak

Bath

Burial Ground

Mosque

BODRUM   HARBOUR

ENVIRONS

OF THE SITE OF THE

MAUSOLEUM.

SCALE 1:1000

B

Coloued Horse. Lion Statues, Heads, and steps of Py

ISODOMOUS MARBLE WALL FORMING THE NORTHERN BOUNDA

Angle Capital

SHAFT

SHAFT

GALLERY

PIER

PIER

PIER

PIER

PIER

Lions &c.

Lions &c.

ISODOMOUS WALL

PIER

THE M & S

STAIR CUT IN THE ROCK

C

Large Seated

PAVED NEARLY ALL

LOWER

WITH BLOCKS OF GREEN RAG

SHAFT

C

ISMAIL'S WELL

SHAFT

GALLE

UPPER

STAIR CUT IN THE ROCK

A

GALLERY

UPPER GALLERY

SHAFT

SHAFT

Fragments of
Chariot Wheel

WALL FACED WITH THIN ASHLAR

NCAL

10 5 0   10   20   30   40

Y OF THE PERIBOLUS

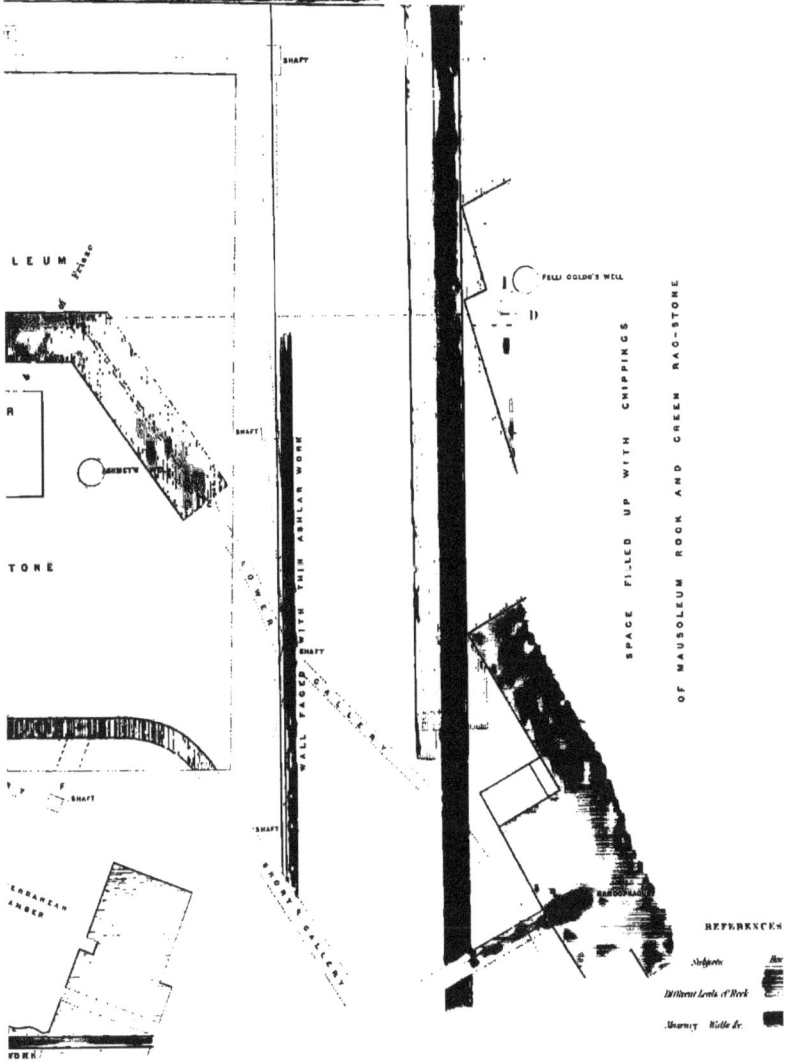

md

SHAFT

LEUM

R

SHAFT

SKBET'S

TONE

SHAFT

F SHAFT

ERRANEAN
AMBER

EDRH

LOWER GALLERY

WALL FACED WITH THIN ASHLAR WORK

SHAFT

SHAFT

LOWER GALLERY

SHORT GALLERY

FELLI GOLDO'S WELL

SPACE FILLED UP WITH CHIPPINGS

OF MAUSOLEUM ROCK AND GREEN RAG-STONE

REFERENCES

Sculpture

Different Levels of Rock

Masonry, Walls &c.

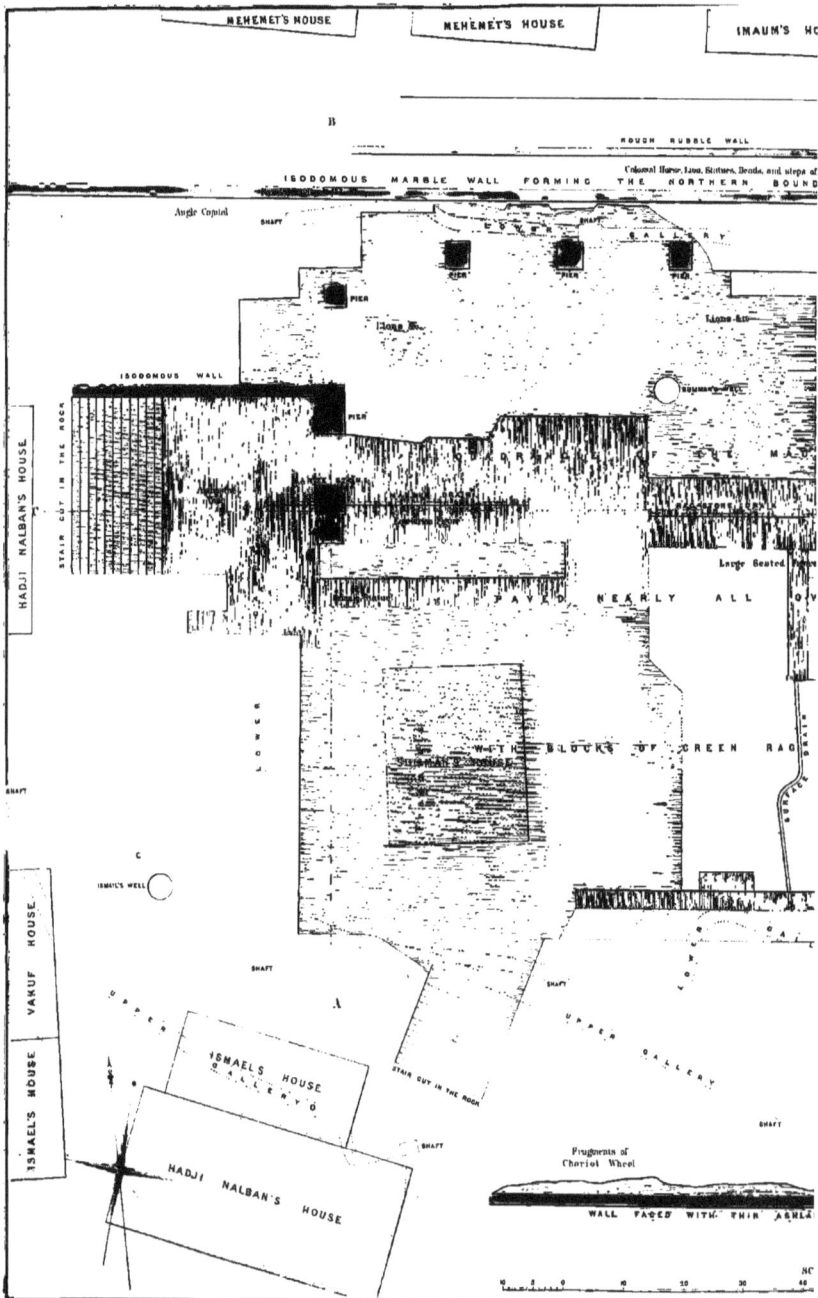

MEHEMET'S HOUSE   MEHEMET'S HOUSE   IMAUM'S HO

B

ROUGH RUBBLE WALL

Colossal Horse, Lion, Statues, Beads, and steps of

ISODOMOUS MARBLE WALL FORMING THE NORTHERN BOUND

Angle Copied   SHAFT   SHAFT   GALLERY

PIER   PIER   PIER

PIER

Lions &c   Lions &c

ISODOMOUS WALL   PIER   SUMMER WELL

HADJI NALBAN'S HOUSE   STAIR CUT IN THE ROCK

Large Seated

PAVED NEARLY ALL OV

SHAFT

WITH BLOCKS OF GREEN RAG

C

ISMAIL'S WELL

VAKUF HOUSE   ISMAEL'S HOUSE

SHAFT

UPPER GALLERY

A

ISMAELS HOUSE GALLERY

STAIR CUT IN THE ROCK

HADJI NALBAN'S HOUSE

SHAFT   SHAFT

SHAFT

Fragments of
Chariot Wheel

WALL FACED WITH THIN ASHLA

KODJA KARE'S HOUSE.

MEHEMET
ALI'S
HOUSE

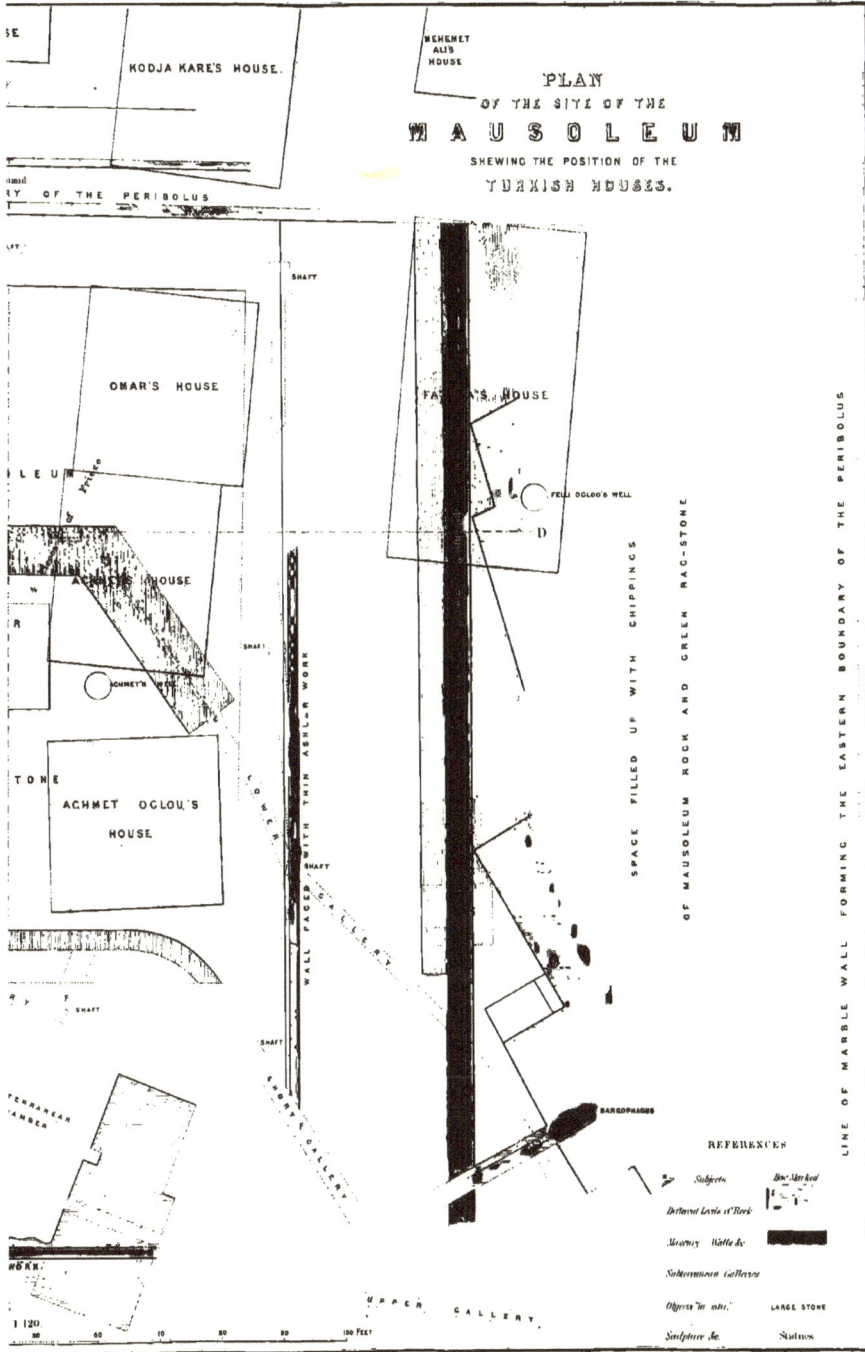

PLAN
OF THE SITE OF THE
MAUSOLEUM
SHEWING THE POSITION OF THE
TURKISH HOUSES.

RY OF THE PERIBOLUS

SHAFT

OMAR'S HOUSE

FATIMA'S HOUSE

FELLI OGLOO'S WELL

D

ACHMET'S HOUSE

SHAFT

ACHMET'S WELL

ACHMET OGLOU'S HOUSE

SHAFT

SHAFT

SHAFT

SHAFT

SARCOPHAGUS

SUBTERRANEAN CHAMBER

WORK

UPPER GALLERY

SPACE FILLED UP WITH CHIPPINGS

OF MAUSOLEUM ROCK AND GREEN RAG-STONE

LINE OF MARBLE WALL FORMING THE EASTERN BOUNDARY OF THE PERIBOLUS

WALL FACED WITH THIN ASHLER WORK

LOWER GALLERY

SHORT GALLERY

1:120

30   60   10   80   90   100 FEET

.

SITE OF MAUSOLEUM. SECTIONS.

SCALE OF FEET

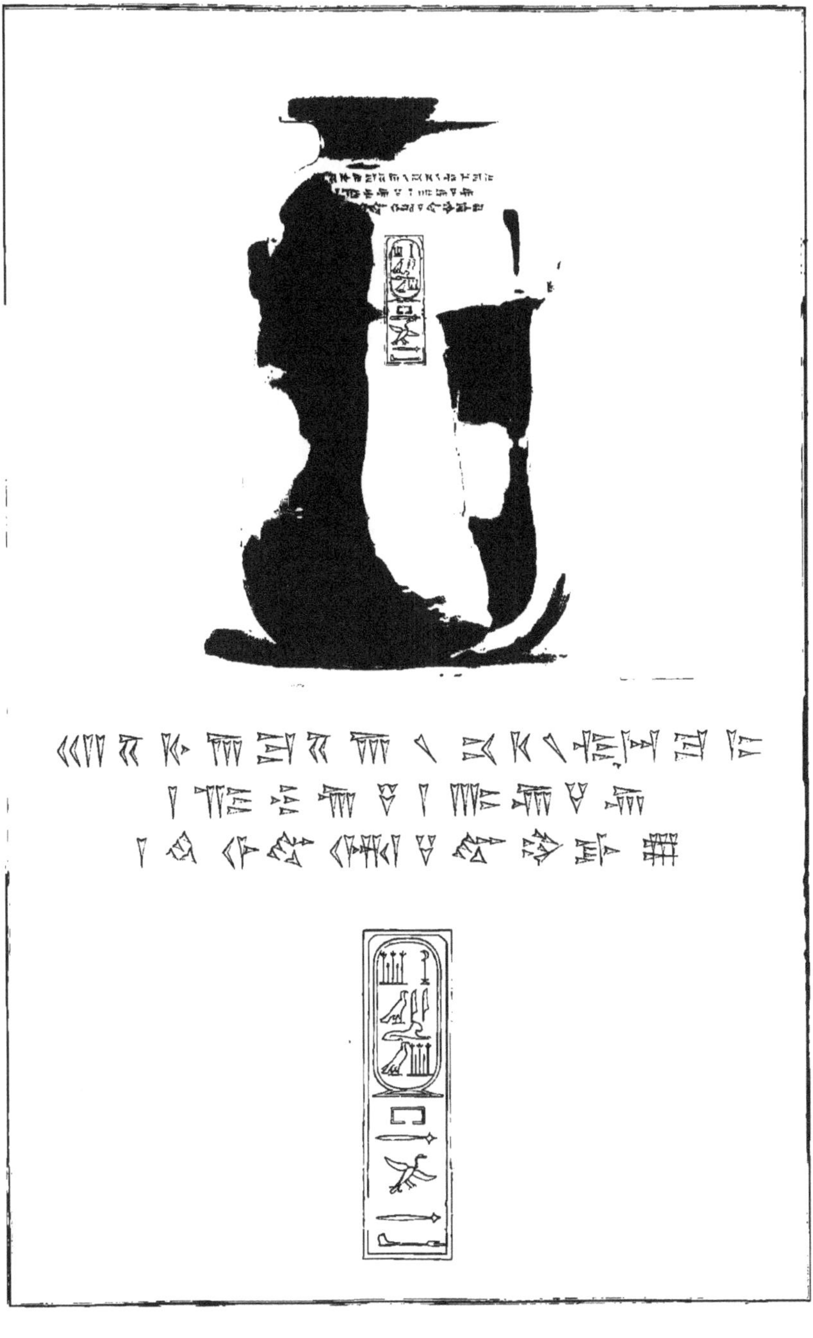

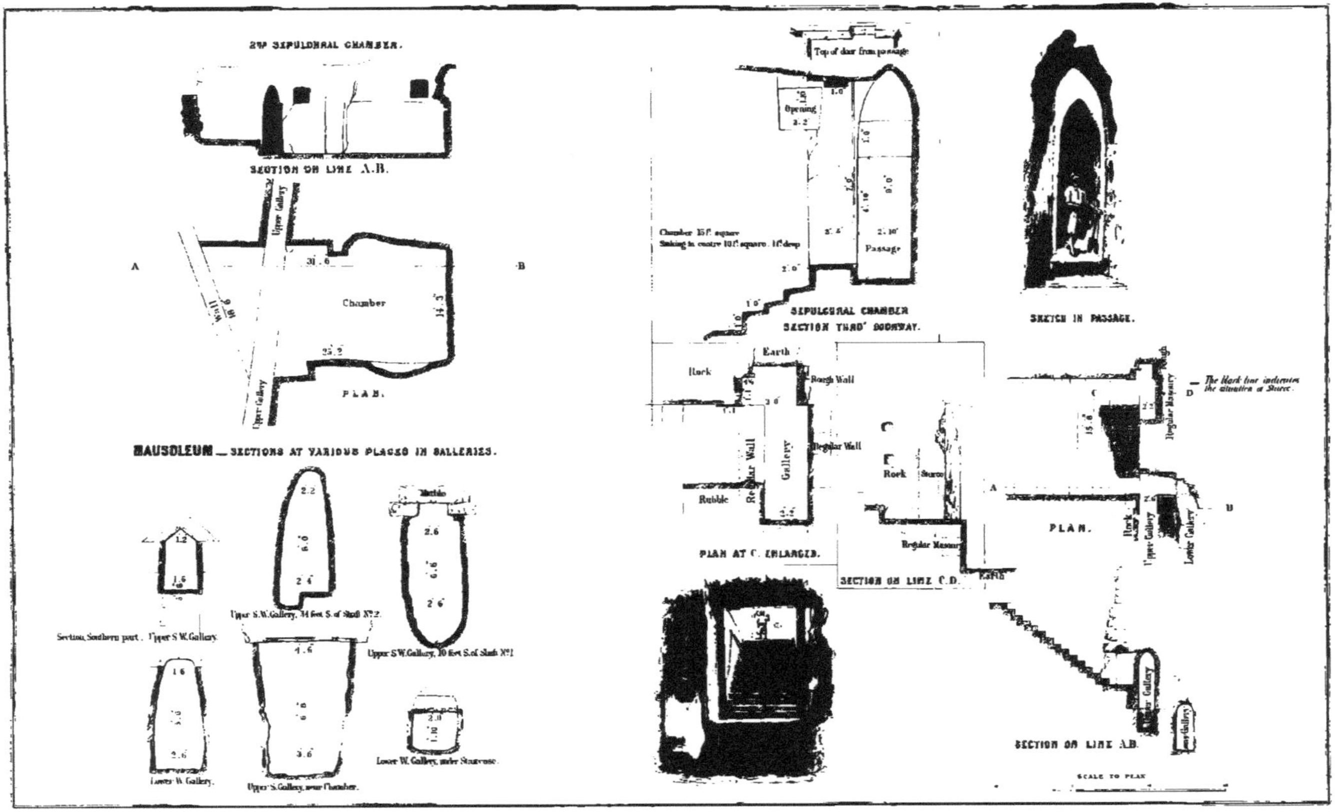

2ND SEPULCHRAL CHAMBER.

SECTION ON LINE A.B.

Upper Gallery

PLAN.

Chamber

Wall

Upper Gallery

MAUSOLEUM — SECTIONS AT VARIOUS PLACES ON GALLERIES.

SKETCH IN PASSAGE.

SEPULCHRAL CHAMBER. SECTION THRO' DOORWAY.

Top of door from passage

Opening

Passage

Chamber

Earth

Rough Wall

Rubble

Regular Wall

Rock

Gallery

PLAN AT C. ENLARGED.

PLAN.

SECTION ON LINE C.D.

Rock

Regular Masonry

SECTION ON LINE A.B.

Upper Gallery

Lower Gallery

Regular Masonry

Lower Gallery

The block four courses on the alternate at above.

SCALE TO PLAN.

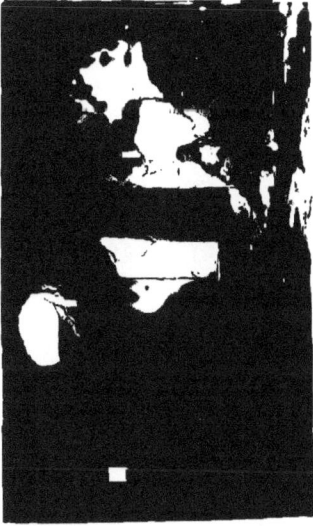

MAUSOLEUM.

HALF PLAN OF PERISTYLE.

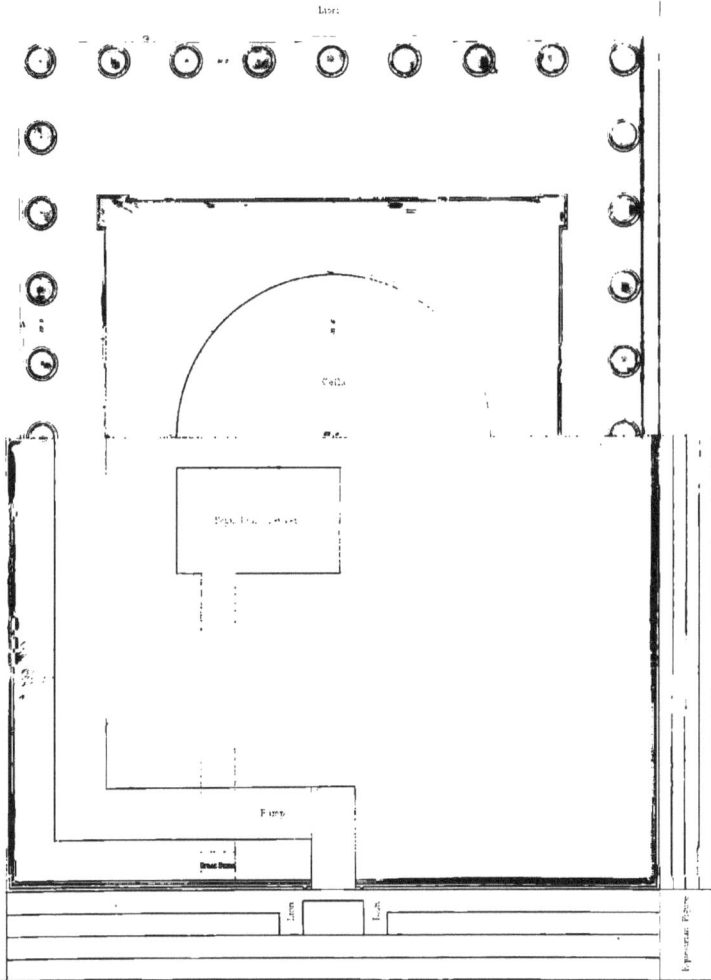

HALF PLAN OF BASEMENT.

MAUSOLEUM.

HALF PLAN OF PERISTYLE, SHEWING LACUNARIA.

HALF PLAN OF PYRAMID.

SCALE 1 : 100.

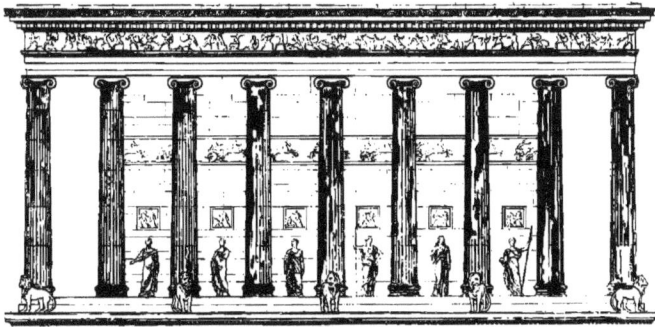

MAUSOLEUM.

MAUSOLEUM.

SECTION THROUGH PERISTYLE AT FRONTS SHEWING LACUNARIA.

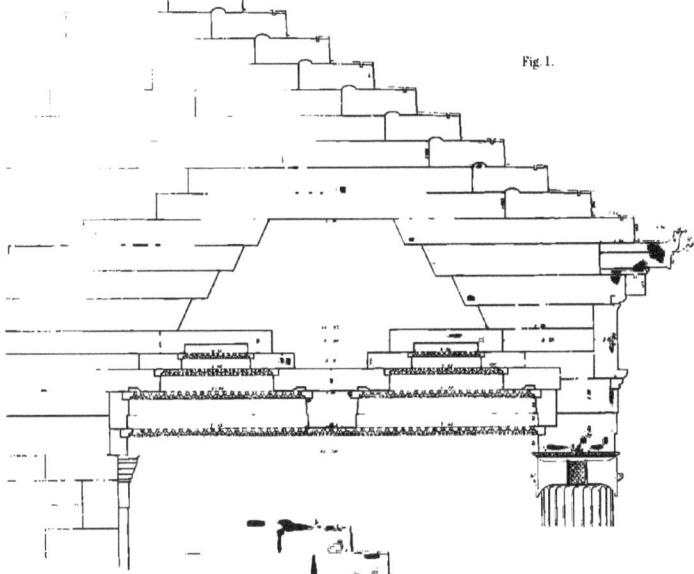

Fig. 1.

Fig. 2.

SECTION THROUGH PERISTYLE AT SIDES SHEWING LACUNARIA.

SCALE 1 – 30.

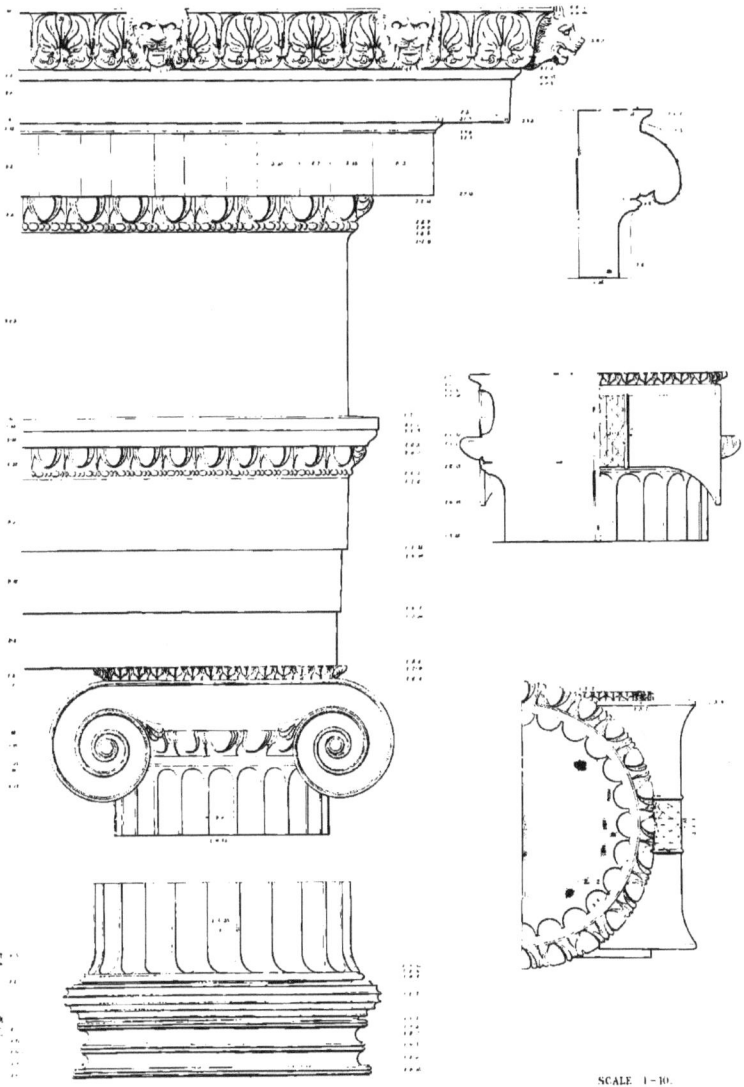

MAUSOLEUM.

DETAILS OF ORDER.

SCALE 1-10.

MAUSOLEUM. CAPITAL.

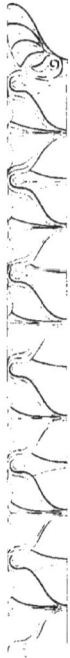

SCALE 6 IS TO A FOOT.

MAUSOLEUM.

HONEYSUCKLE ORNAMENT OF CYMATIUM.

FULL SIZE.

Fig. 5.

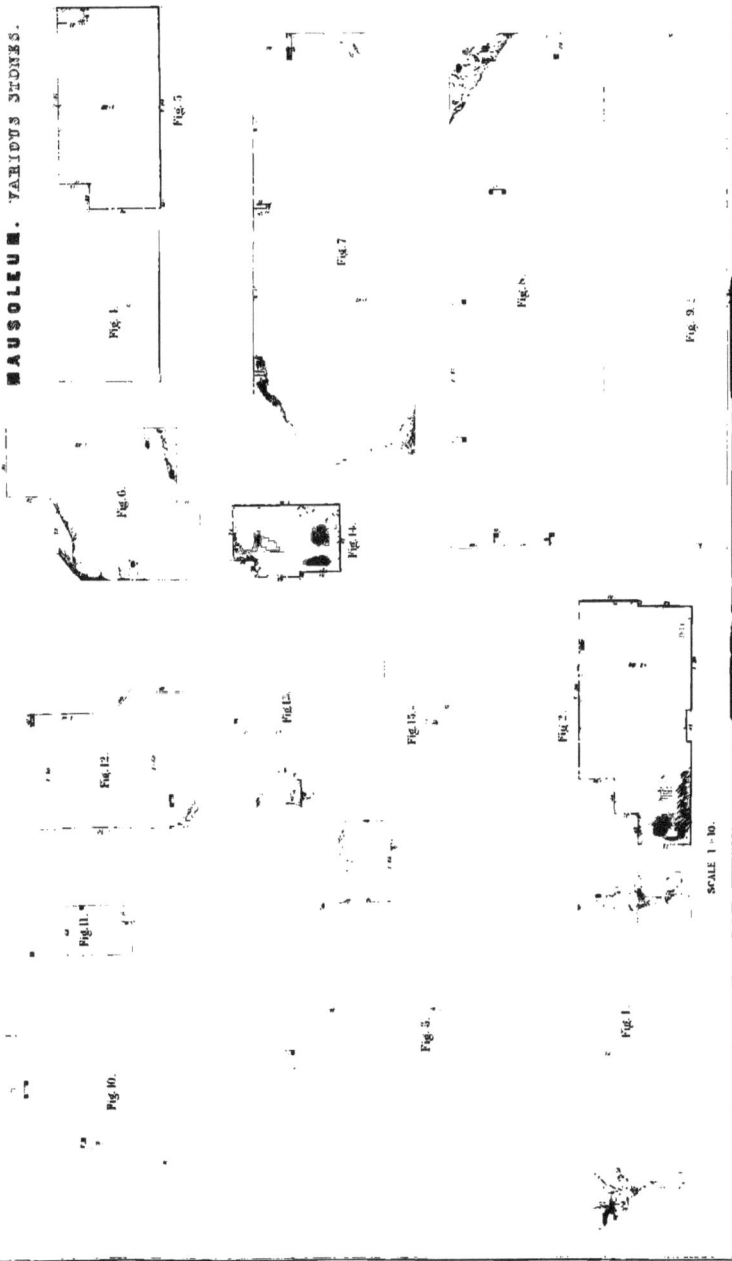

MAUSOLEUM. VARIOUS STONES.

Fig.1. Fig.2. Fig.3. Fig.4. Fig.5. Fig.6. Fig.7. Fig.8. Fig.9. Fig.10. Fig.11. Fig.12. Fig.13. Fig.14. Fig.15.

SCALE 1 : 10.

MAUSOLEUM. VARIOUS STONES.

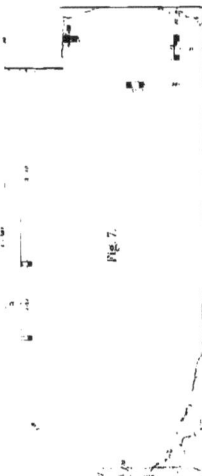

Fig. 1.

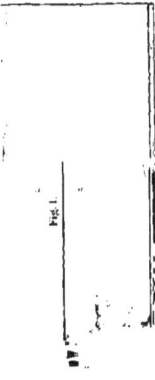

Fig. 2.

Fig. 4.

Fig. 3.

Fig. 5.

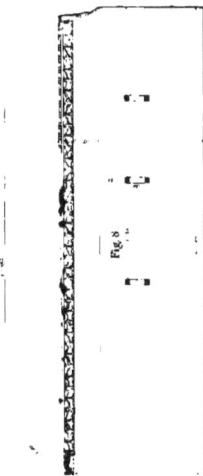

Fig. 7.

Fig. 8.

Fig. 9.

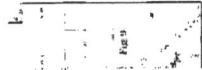

Fig. 6.

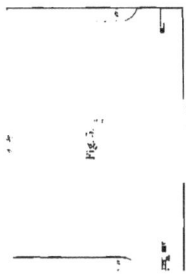

Fig. 10.

Fig. 11.

SCALE 1:10

MAUSOLEUM.

SECTIONS OF VARIOUS MOULDINGS.

FULL SIZE.

Fig. 1.

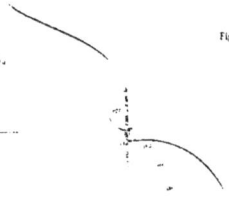

Fig. 2.

Fig. 3.

Fig. 4.

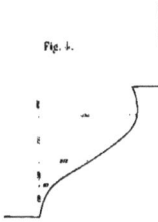

Fig. 5.

Fig. 6.

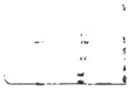

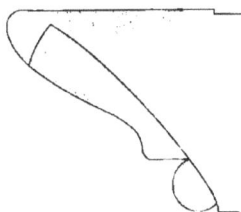

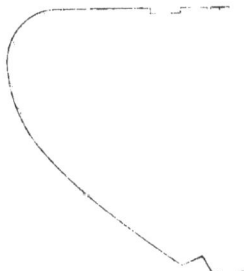

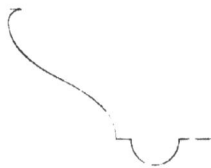

MAUSOLEA VARIOUS.

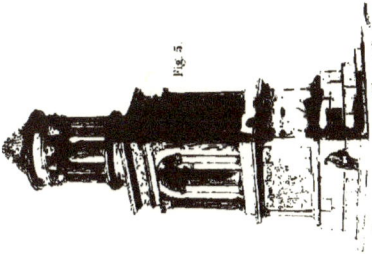

Fig. 5.

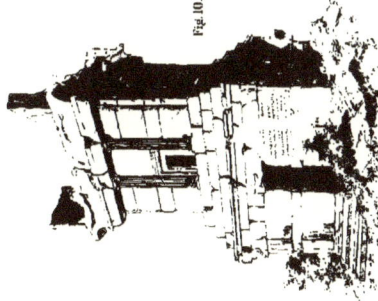

Fig. 11.

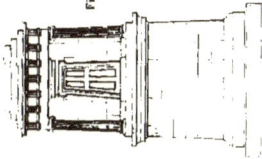

Fig. 4.

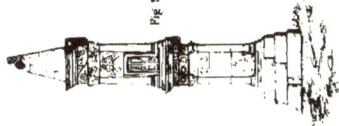

Fig. 10.

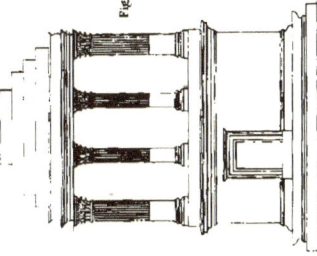

Fig. 3.

Fig. 9.

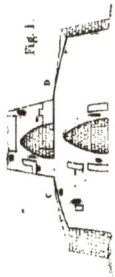

Fig. 1.

Fig. 8.

Fig. 2.

Plan on line C D

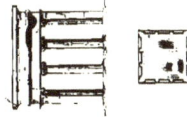

Fig. 7.

Fig. 6.

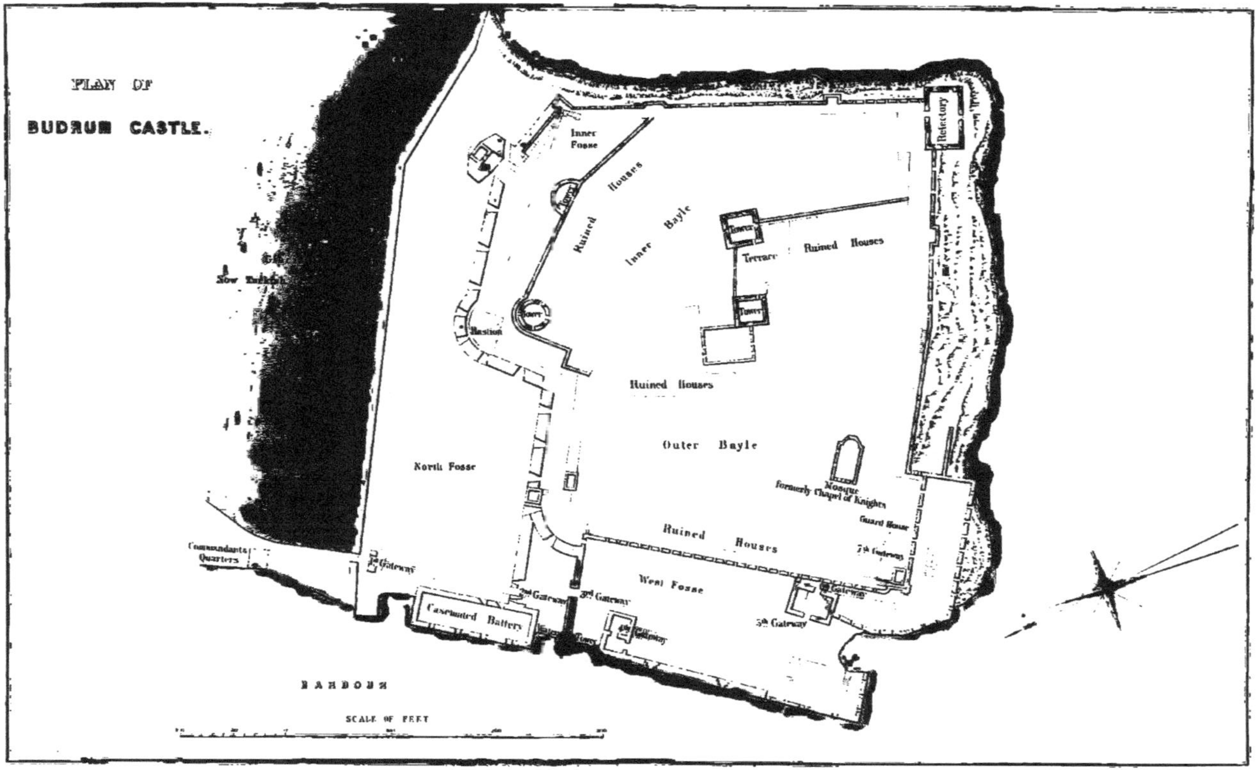

PLAN OF
BUDRUM CASTLE.

Refectory

Armory

Ruined Houses

Inner Bayle

Ruined Houses

Outer Bayle

St. George
Formerly Chapel of Knights

Guard House

7th Gateway

5th Gateway

Ruined Houses

West Fosse

Ruined Houses

Inner Fosse

Bastion

North Fosse

3rd Gateway

2nd Gateway

Building

Cistern

Commandant's Quarters

Casemated Battery

Cistern

HARBOUR

SCALE OF FEET

ROOD SCREEN.

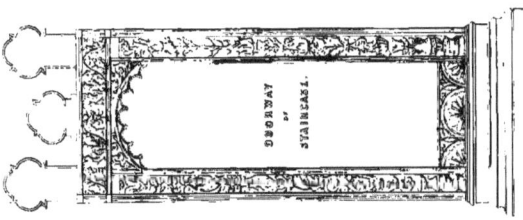

DOORWAY OF STAIRCASE.

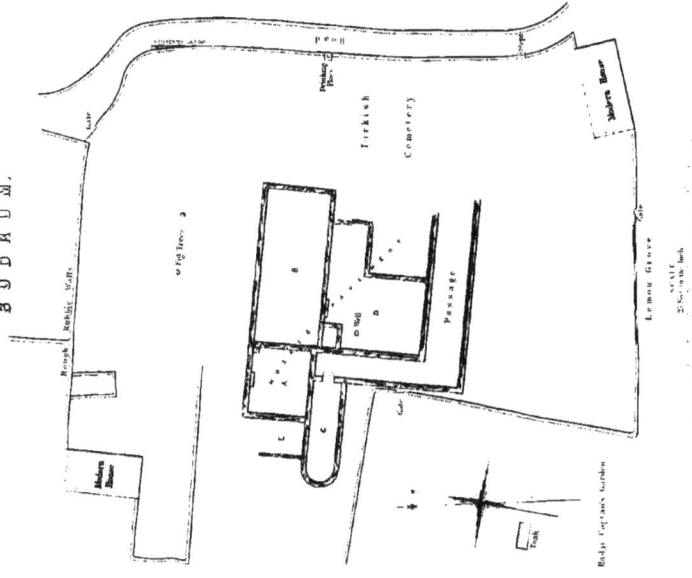

FIELD OF HADJI CAPTAN.
BUDRUM.

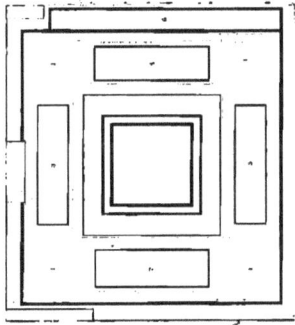

MOSAIC PAVEMENT.
PLAN OF ROOM A.

BUDRUM
COLOURED PAVEMENT.
PLAN OF ROOM B.

PLAN OF ROOMS C&E.

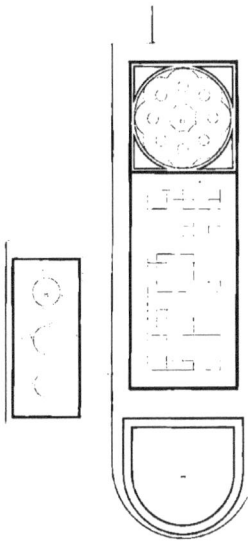

BUDRUM
MOSAIC PAVEMENT.
PLAN OF PASSAGE AND ROOM D.

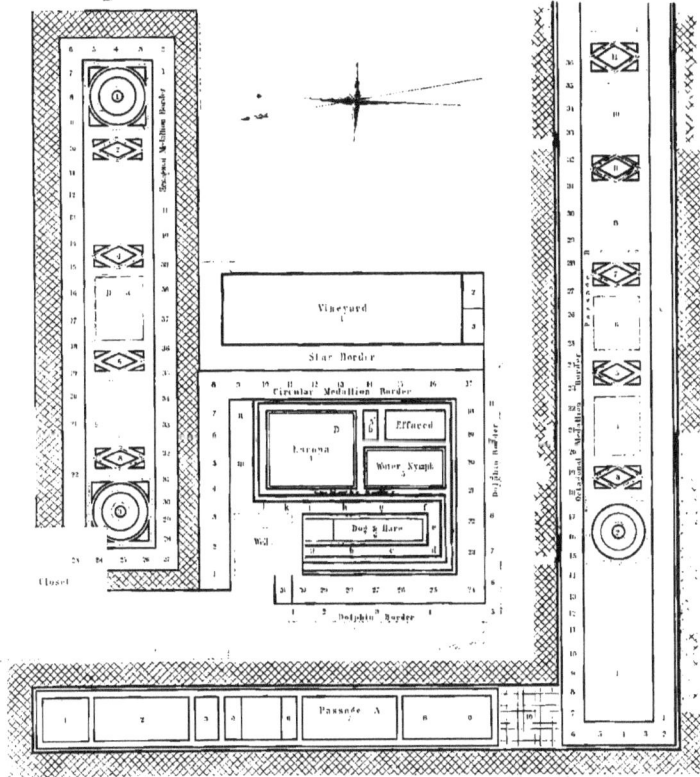

Vineyard

Star Border

Circular Medallion Border

D C Effaced

Larona Water Nymph

Dog & Hare

Well

Dolphin Border

Closet

Passage A

SCALE

BUDRUM.

SITE OF TEMPLE OF MARS.

PLAN

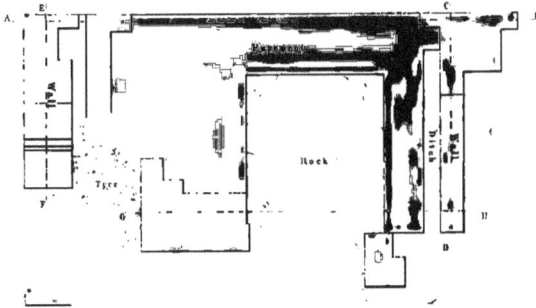

SECTION ON AB

SECTION ON CD

SECTION ON EF

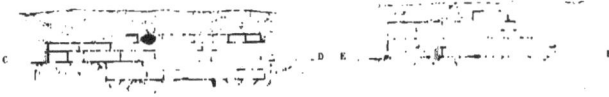

SECTION ON GH

SCALE 1:120
10 Feet to the Inch

BUDRUM.

SITE OF TEMPLE OF MARS.

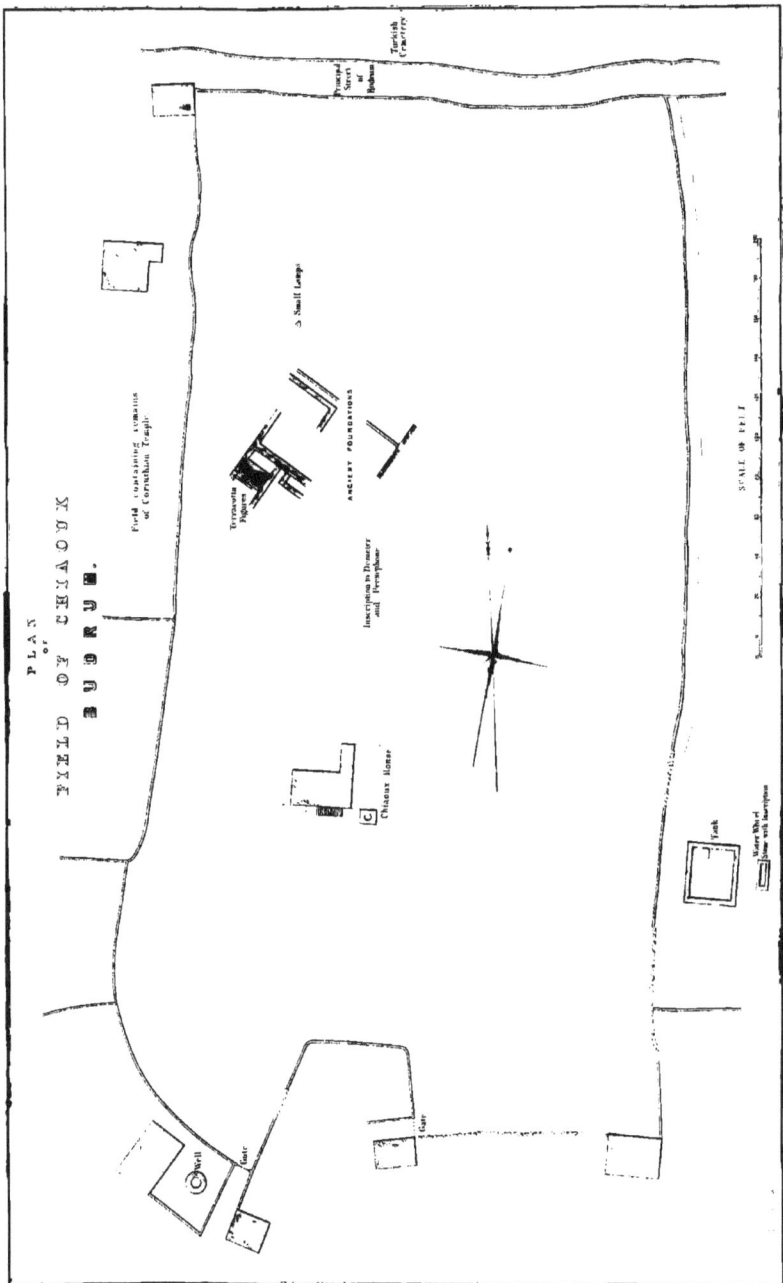

PLAN
OF
BUDRUM.

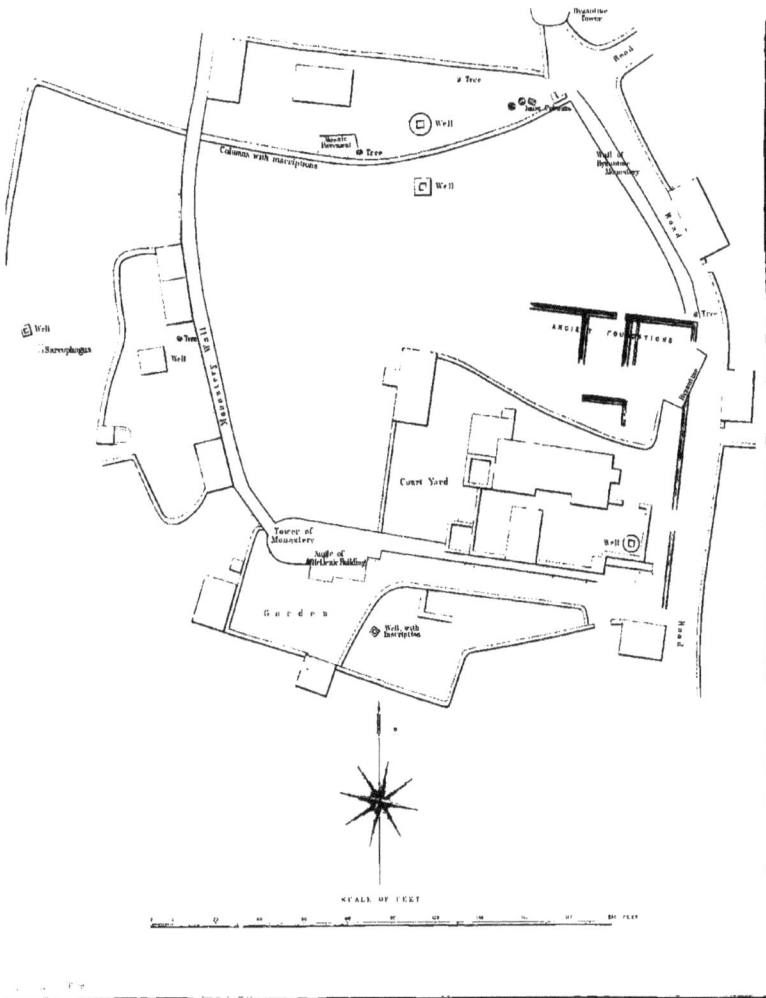

House of the
Tower

a Tree

Road

○○ ○
Inscription

Well

Marble
Pavement

Column with inscriptions

Tree

Wall X
Byzantine
Monastery

Well

Road

Tree

Well

ANGIE FOUNDATIONS

Sarcophagus

Tree

Well

Well

Court Yard

Road

Well

Tower of
Monastery

Angle of
Marble Building

Garden

Well, with
Inscription

Road

SCALE OF FEET

GULF OF KOS

TRIOPIUM PROMONTORY

PLAN OF
CNIDUS

CNIDUS

PLAN OF TEMENOS OF DEMETER.

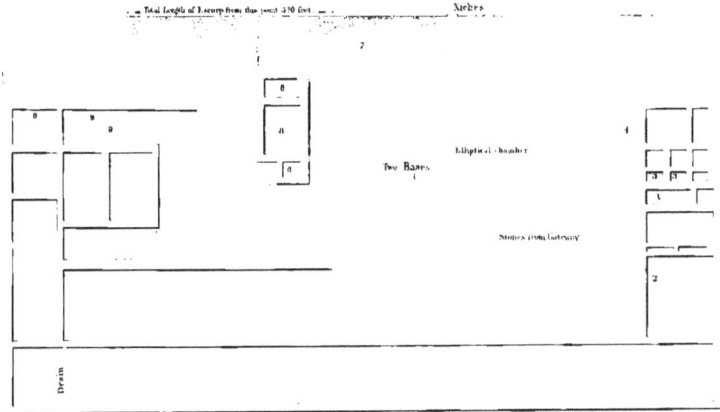

Total Length of Excavp from this point 370 feet

Niches

Two Bases

Elliptical chamber

Stones from Entrance

Drain

SECTION OF TEMENOS.

1. Statue of Persephone   Lamps.
2. Seated female figure   Inscription.
3. Terra cotta figures.
4. Two female heads, Inscriptions
5. Pigs, inscriptions   Glass &c
6. Base   Female Arm.
7. Statue of Demeter   Lamps &c.
8. Lamps, Terra cotta figures.
9. Fragments of Sculpture   Hands &c
10. Stone Spout
        Hard Limestone Rock
        Rough Unstratified Rock.
        Recent Soil.
        Ancient Soil
        Wall.

SCALE OF FEET.

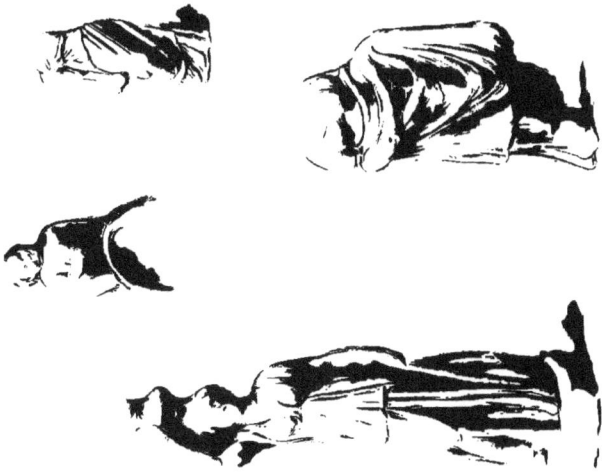

CNIDUS.

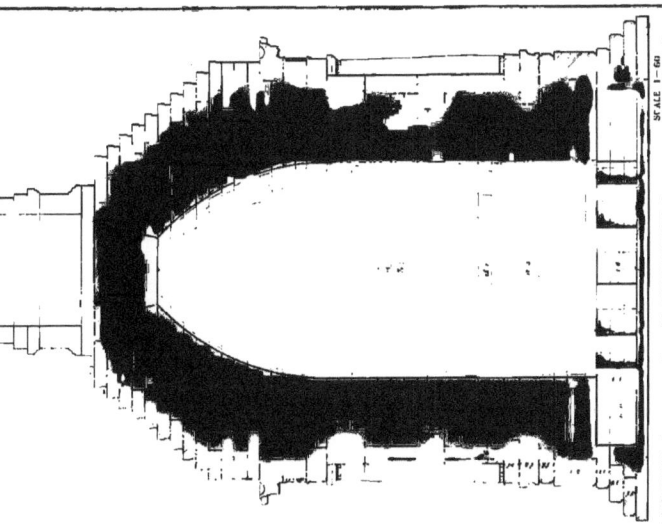

SECTION.

PLAN OF PERIBOLUS.

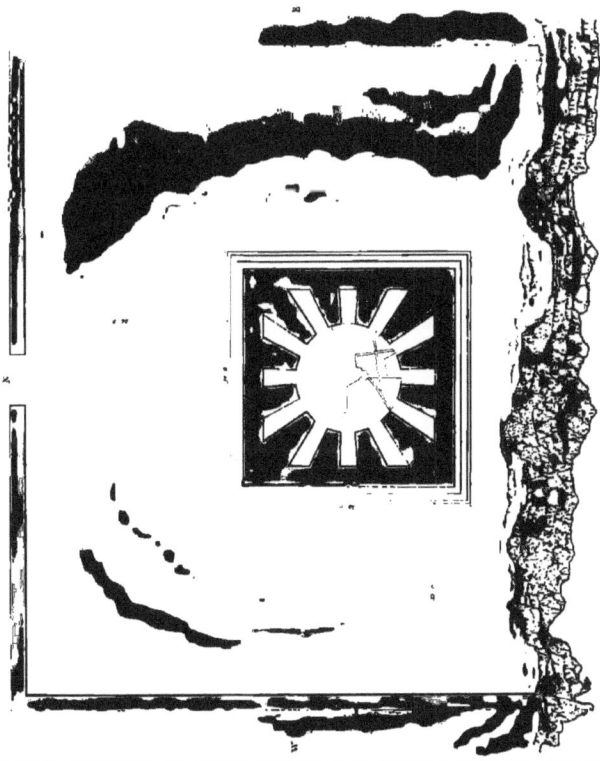

SCALE 1—100.

SCALE OF FEET.

CNIDUS.

LION TOMB.

WEST ELEVATION.

SOUTH ELEVATION.

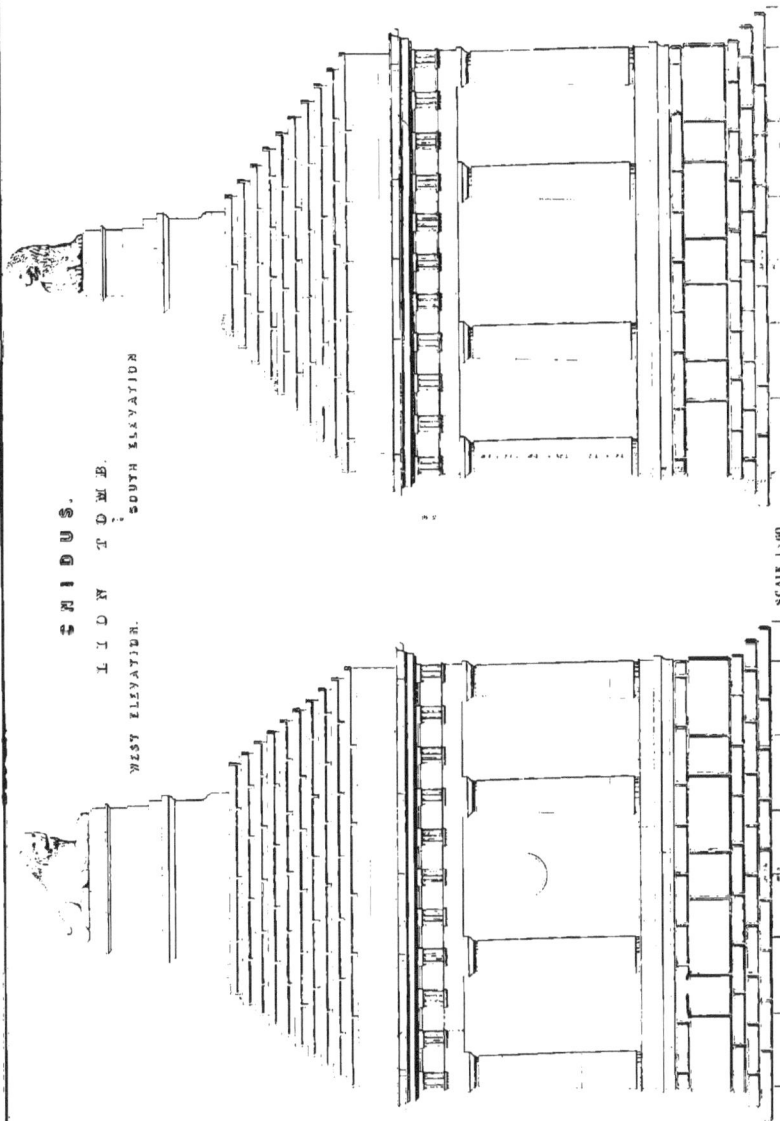

SCALE 1:60

CNIDUS
LION TOMB

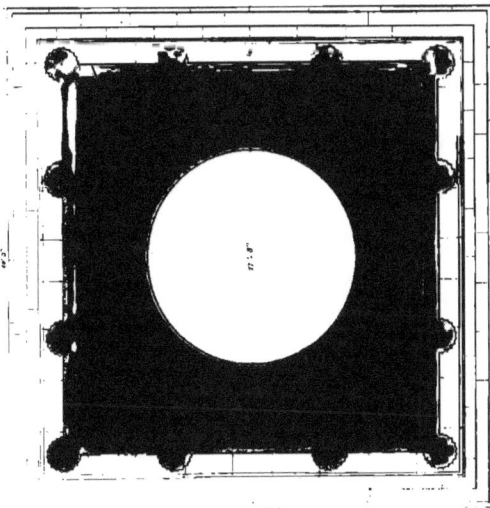

PLAN OF PYRAMID.

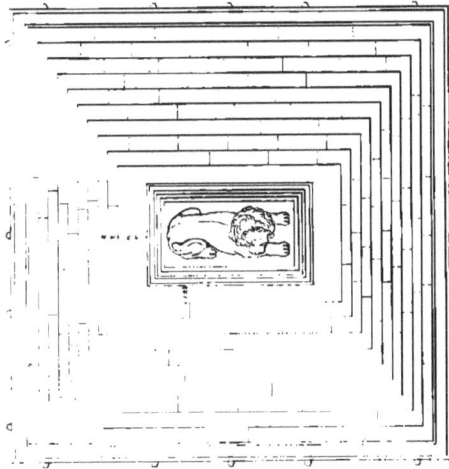

PLAN ON LINE OF STYLOBATE.

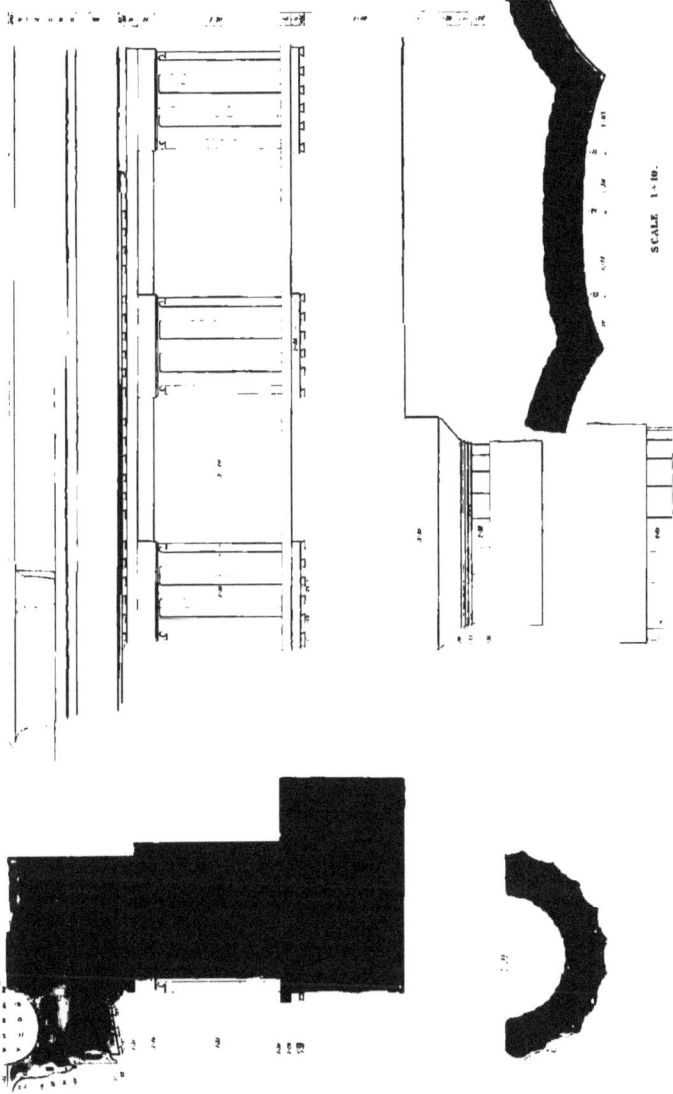

LION TOMB. DETAILS OF ORDER.

SCALE 1:10.

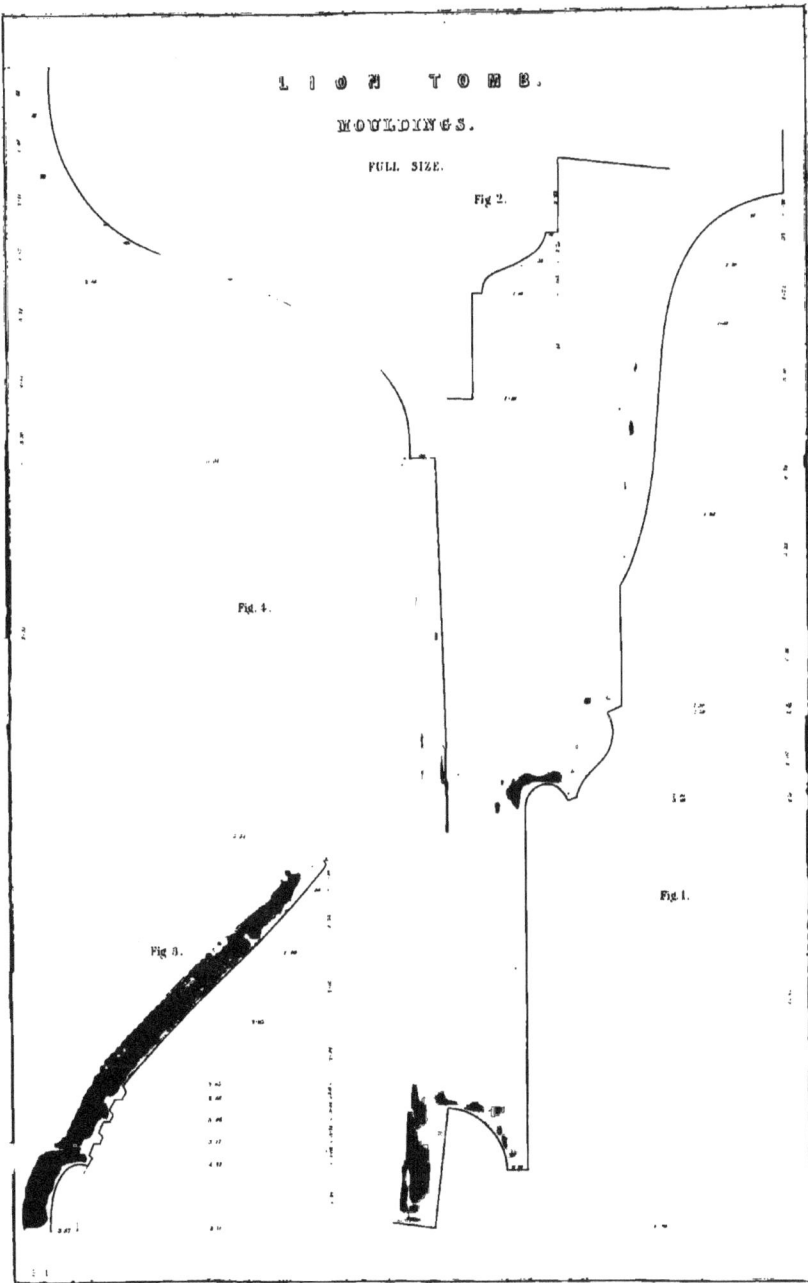

LION TOMB.

MOULDINGS.

FULL SIZE.

Fig 2.

Fig. 4.

Fig. 3.

Fig. 1.

CNIDUS

PANORAMIC VIEW FROM LION TOMB.

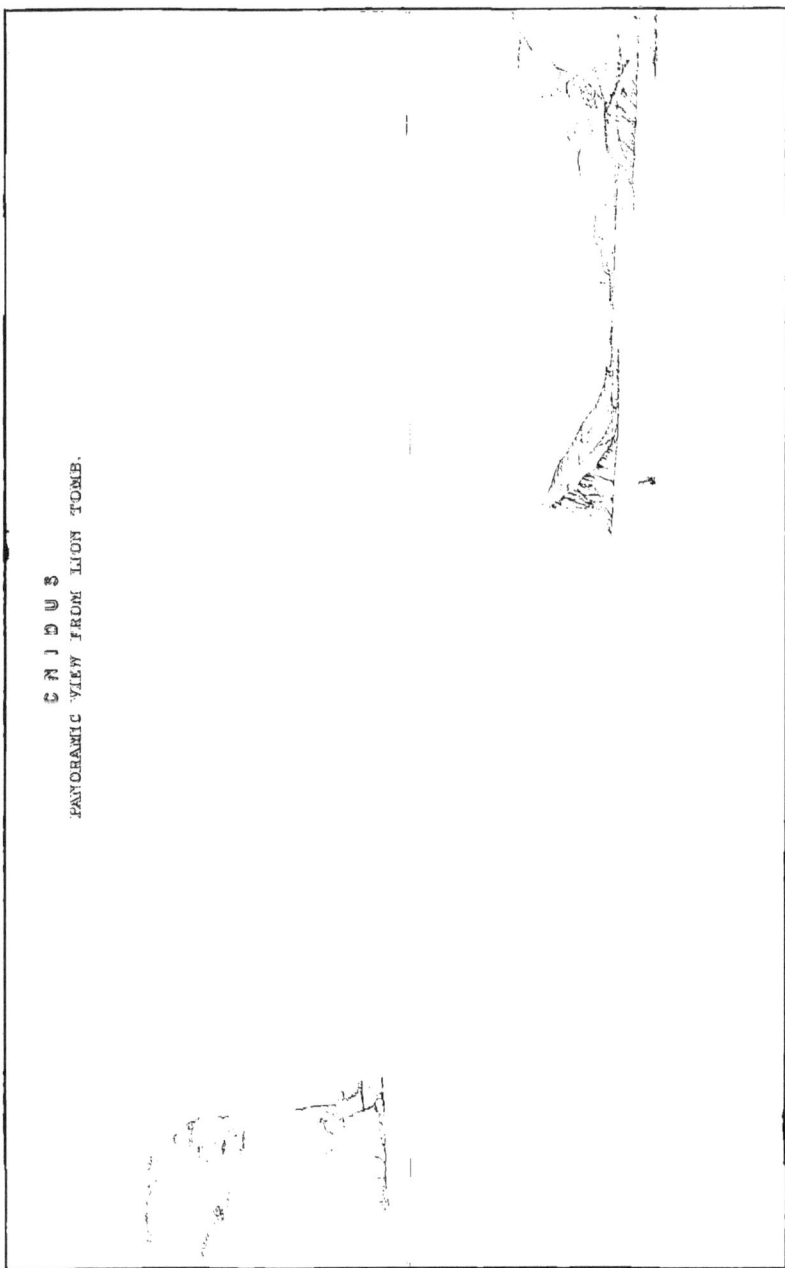

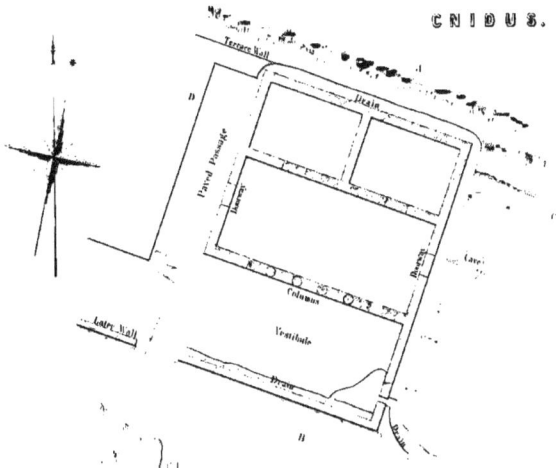

TEMPLE OF THE MUSES
CNIDUS.

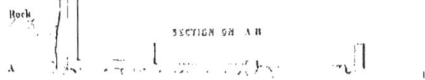

SECTION ON A B

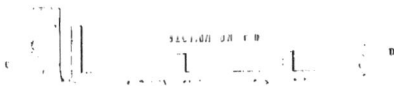

SECTION ON C D

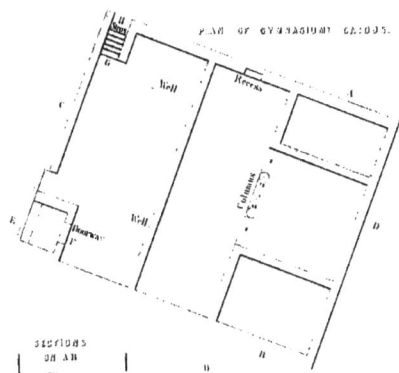

PLAN OF GYMNASIUM CNIDUS.

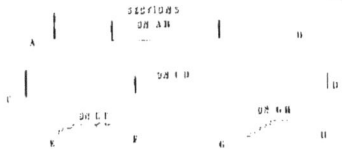

SECTIONS
ON A B

SCALE OF FEET

CNIDUS.

TOMB ON PENINSULA.

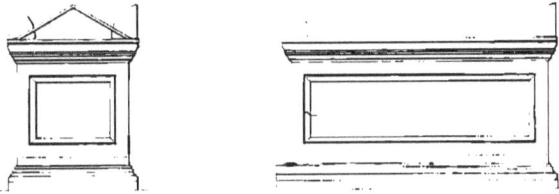

SARCOPHAGUS C.

SCALE OF FEET

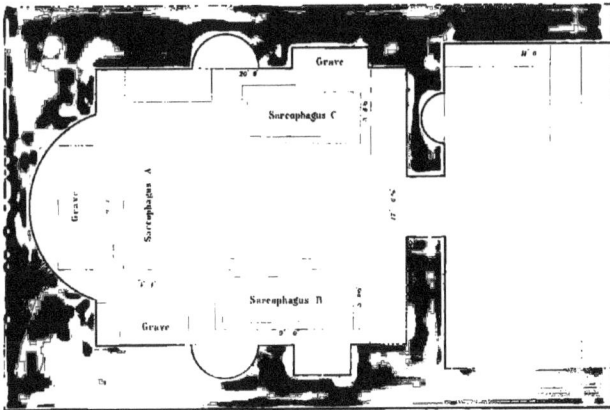

PLAN OF TOMB.

SCALE OF FEET.

CNIDUS.

SARCOPHAGUS IN TOMB OF PENINSULA.

SIDE ELEVATION.

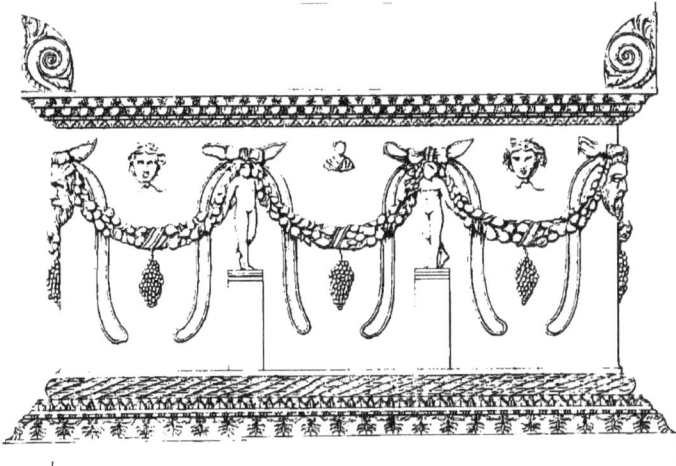

CNIDUS

SECTION THRO' ALCOVE ON LINE A.B

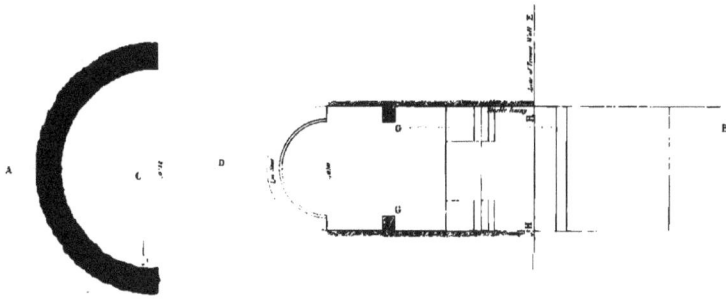

PLAN OF ALCOVE AND PLATFORMS

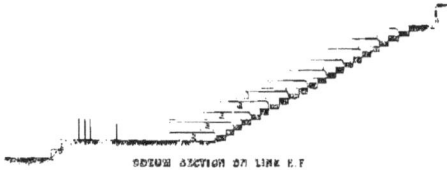

ODEUM SECTION ON LINE E.F

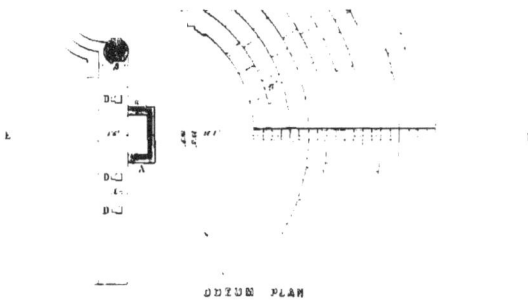

ODEUM PLAN

ACROPOLIS
CNIDUS.

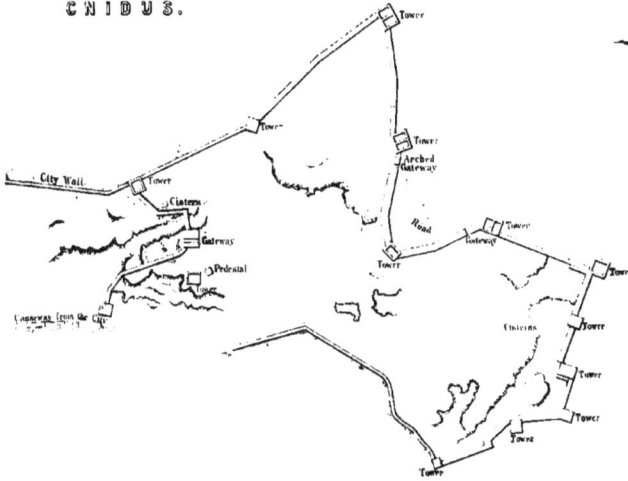

Tower

City Wall

Tower

Tower

Cisterns

Arched
Gateway

Gateway

Road

Tower

Gateway

Gateways

Pedestal

Tower

Tower

Causeway from the City

Cisterns

Tower

Tower

Tower

Tower

Tower

SCALE 10 Y^DS TO THE INCH.

TRIPOD TOMB CNIDUS.

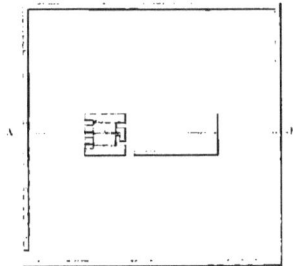

A

B

SECTION ON A B.

A

B

SCALE OF FEET

PLAN OF A GATEWAY
IN ANCIENT WALL OF HALICARNASSUS.

Wall

Tower

Gate

Tower

Wall

SCALE OF FEET.

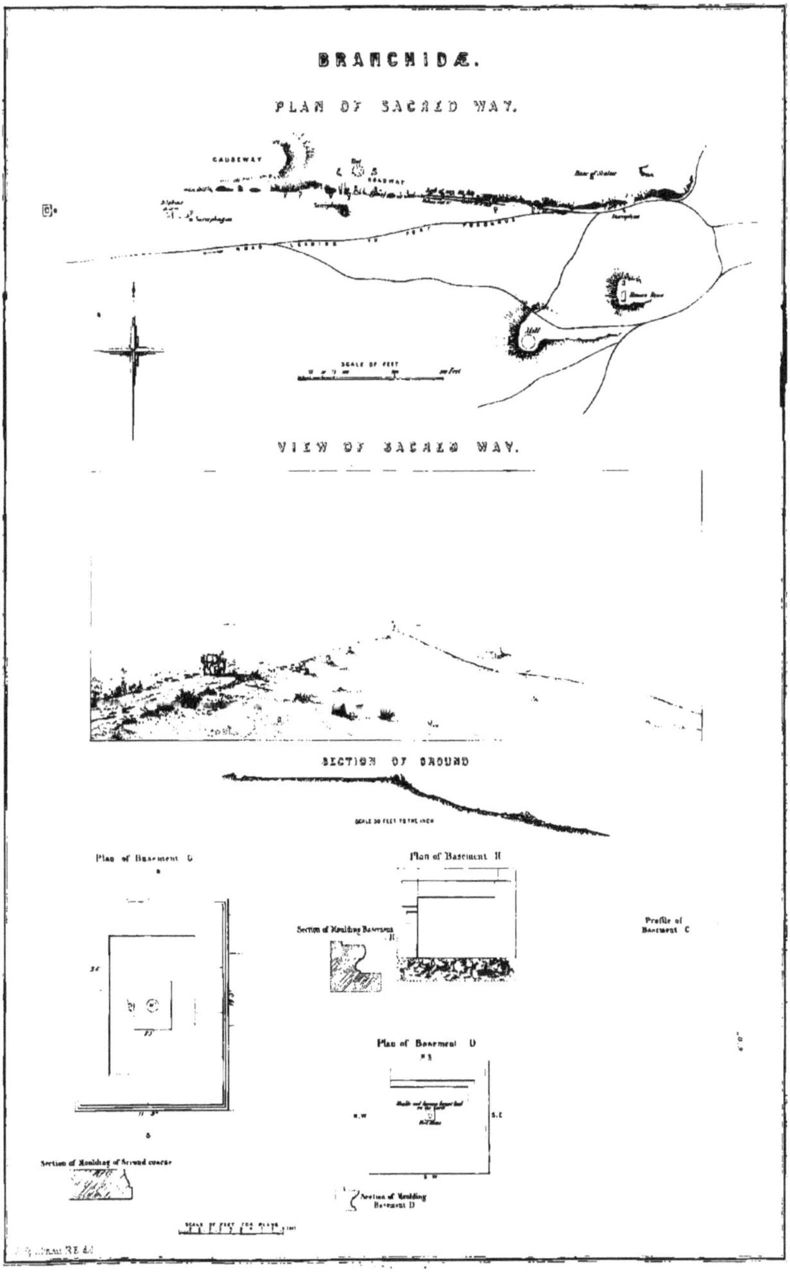

BRANCHIDÆ.

PLAN OF SACRED WAY.

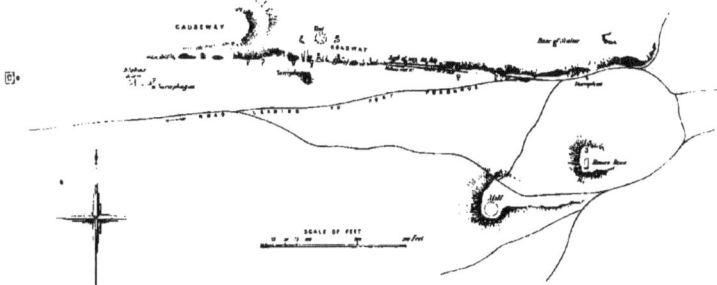

SCALE OF FEET

VIEW OF SACRED WAY.

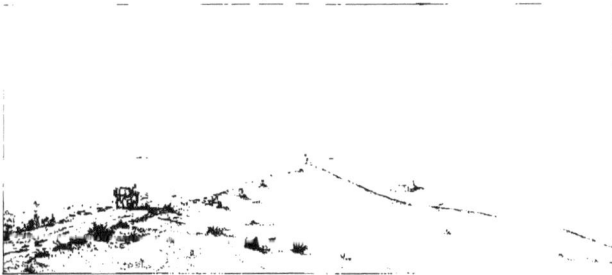

SECTION OF GROUND

SCALE 30 FEET TO THE INCH

Plan of Basement C

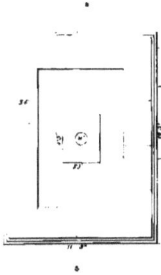

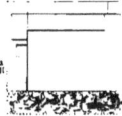

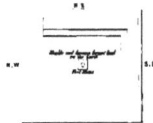

Plan of Basement B

Section of Moulding Basement B

Profile of Basement C

Plan of Basement D

Section of Moulding of Second course

Section of Moulding Basement D

SCALE OF FEET

TEMPLE OF HEKATE LAGINA.

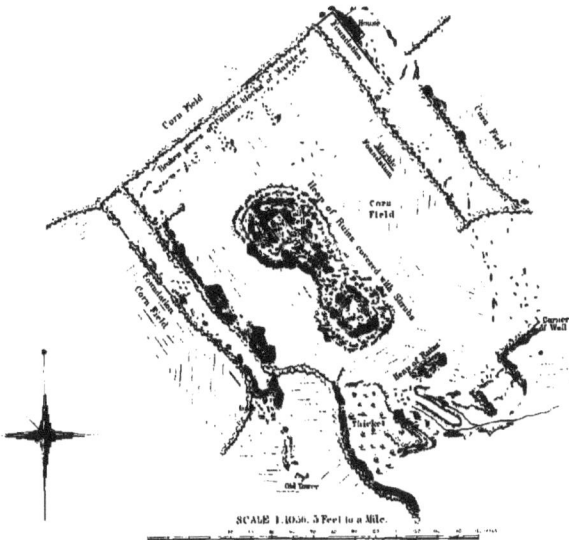

Corn Field

Corn Field

Corn Field

House of Ruins covered with Shrubs

Corn Field

Corn Field

Corner Wall

Thicket

Old Tower

SCALE 1:1056, 5 Feet to a Mile.

PLAN.

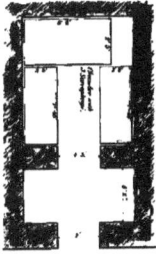

TOMB AT LABRANDA.

SECTION ON AB.

SECTION ON CD.

SECTION ON EF.

SCALE, 6 Feet to the Inch.

TOMBS NEAR PASHA LIMAN

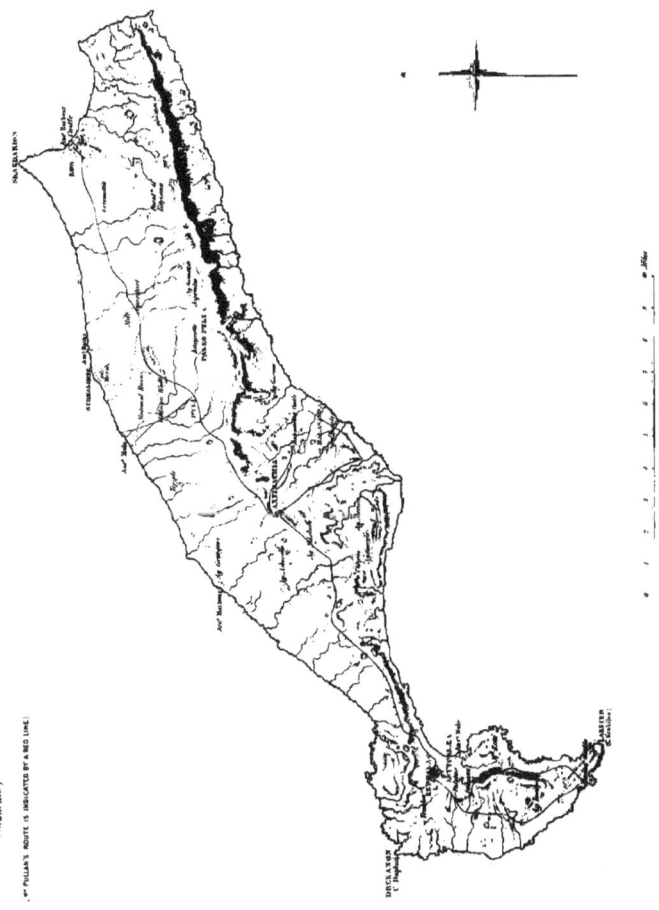

MAP OF THE ISLAND OF KOS

(Nanclue)

(ᴹ PULLAN'S ROUTE IS INDICATED BY A RED LINE)

CHARMYLEION - PYLI.

Longitudinal Section
Fig. 4.

Transverse Section
Fig. 3

Niche   Chamber   Niche

Section through
Architrave And Cornice

Fig. 8.

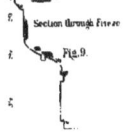

Section through Frieze

Fig. 9.

Console

Fig. 10.

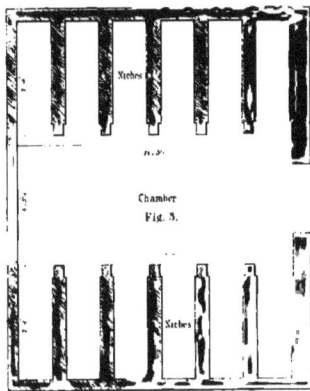

Niches

Chamber
Fig. 5.

Niches

Outer Chamber now destroyed

Fragments of Architectural members
in the Church of the Holy Cross, &c.

Fig. 7.

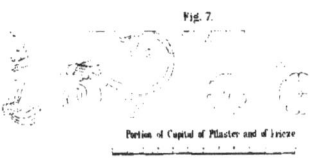

Portion of Capital of Pilaster and of Frieze

P l a n

Fig. 6.

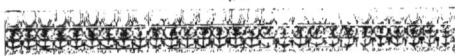

Fig. 11.

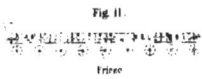

Frieze

Architrave and Cornice to doorway

Plan of arrangement of Cups
at the bottom of a Well near Cros

Fig. 2.

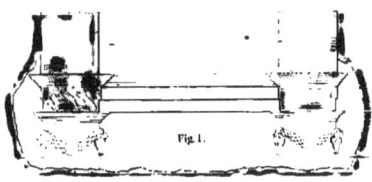

Fig. 1.

Elevation.

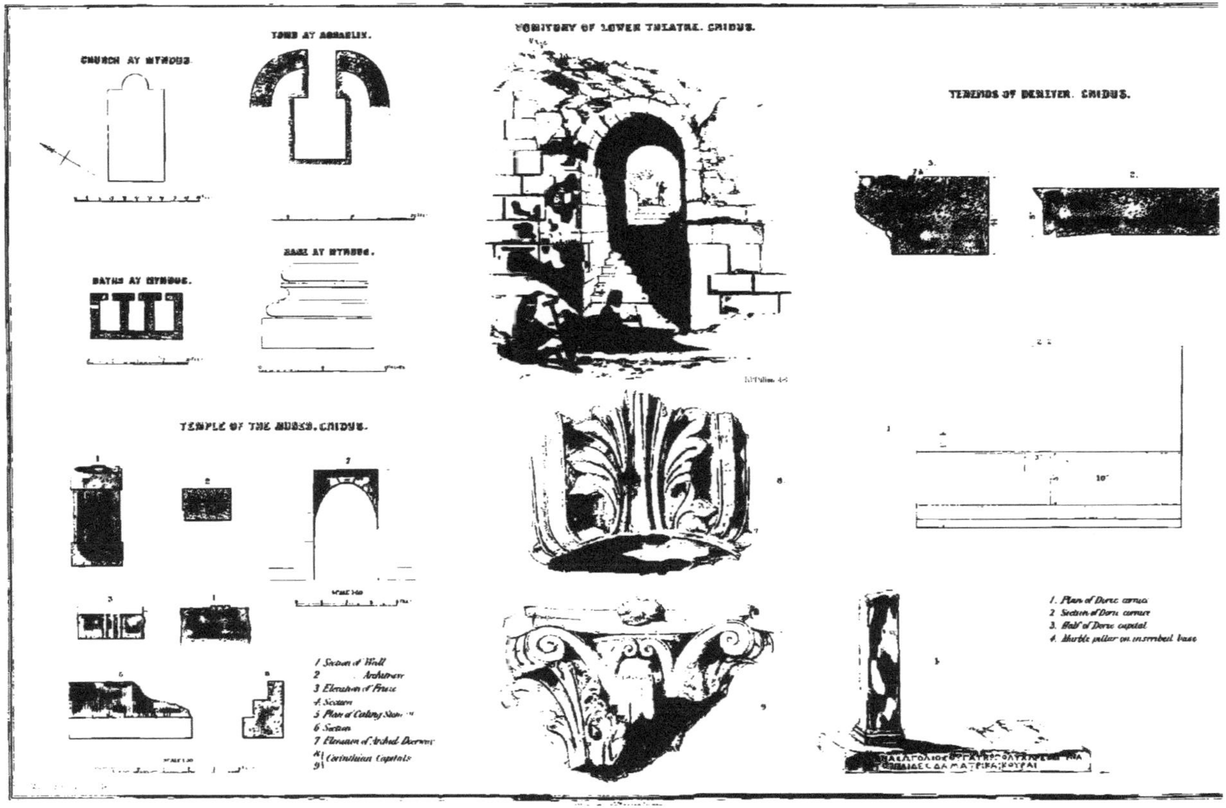

TEMENOS OF JUPITER. CNIDUS.

1. Plan of Doric cornice
2. Section of Doric cornice
3. Half of Doric capital
4. Marble pillar in incrused base

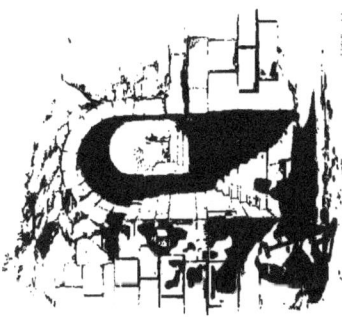

MONASTERY OF LOWER THIATRA. CNIDUS.

CHURCH AT MYNDUS.

TOMB AT ASSOSS.

GATE AT MYNDUS.

BATHS AT STRATOS.

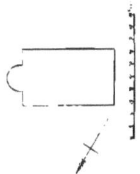

TEMPLE OF THE MUSES. CNIDUS.

1. Section of Wall
2. Architrave
3. Elevation of Frieze
4. Soffit
5. Plan of Ceiling Stone
6. Cornice
7. Elevation of Arched Doorway
8 (Corinthian Capital)
9 (Corinthian Capital)

ΛΛΕΟ Υ
ΑΛΙΚΑΡΝΑΤ
ΕΩΝΚΑΙΛΥΓ
ΑΓΟΡΗΙΜΗΝΟ
ΤΗΙΙΞΤΑΜΕ
ΤΑΝ ΤΟ
ΞΑ ΛΛ
ΟΙ Μ
ΔΙΔΟ ΜΗ
ΤΟΙΞΜΝΗΜ
ΝΙΔΕΩΤΟΛΥ
ΥΟΝΤΟΞΚΑΙ
ΛΛΙΟΞΚΑΙΞ
ΜΟΝΕΥΟΝΤΩ
ΦΥΑΞΙΟΞΚΑ
ΝΥΑΤΙΟΞΗΝΔ
ΞΘΑΙΠΕΡΙΓΗ
ΤΩΕΝΟΚΤΩΚΑ
ΟΑΔΟΞΕΓΕΝΕ
ΡΝΥΝΟΡΚΩΞ
ΑΝΟΙΜΝΗΜΟ
ΚΑΡΤΕΡΟΝΕΝΑ
ΕΓΙΚΑΛΗΙΤΟΥ
ΟΚΤΩΚΑΙΔΕΚΑ
ΩΙΝΕΜΟΜΕΝΩ
ΑΟΡΚΟΝΔΕΤ
ΚΤΩΝΔΕΙΑΜ
ΑΙΠΑΡΕΟΝΤΟΞ
ΑΡΤΕΡΟΞΔΕΙΝΑΙΓ
ΤΟΤΕΙΧΟΝΟΤΕ
ΜΥΗΞΕΜΝΗΜΟ
ΝΑΠΕΓΕΡΑΞΑΙ
ΗΝΤΙΞΟΕΛΗΙ
ΨΗΦΟΝΩΞΤΕΜ
ΝΤΟΥΤΟΝΤΑΕΟΝ
ΚΑΙΤΩΠΟΛΛΩΝ
ΥΤΟΝΦΕΥΓΕΝΛ
ΩΙΑΞΙΑΔΕΚΑ
ΕΠΡΗΞΟΑΙΕΠ
ΜΑΚΑΟΟΔΟΝ
ΗΞΞΟΝΑΛΙΚΑ
ΥΜΠΑΝΤΩΝΤ
ΝΑΙΟΞΑΝΤΑΥΤΑΛ
ΠΕΡΤΑΟΡΚΙΑΕΤΑ
ΑΙΕΝΤΩΙΑΓΟΛΛ

Λ
ΝΚΑΙΞΑΛΜΑΚΙ
ΜΙΞΕΝΤΗΙΙΕΡΗ
ΡΜΑΙΩΝΟΞΓΕΜ
ΓΙΛΕΟΝΤΟΞΓΡΥ
ΟΟΑΤΑΤΙΟΞΚΛ
ΟΟΕΚΥΙΛΩΝΕ
ΜΟΝΑΞΜΗΓΑΡ
ΓΗΝΜΗΤΕΟΙΚ
ΙΝΕΓΙΑΓΟΛΩ
ΜΙΟΞΜΝΗΜΟΝΙ
ΝΑΜΥΩΤΟΚΑΞΒΩ
ΛΑΚΙΤΕΩΝΜΝΗ
ΕΓΑΒΑΤΕΩΤΟΑ
ΡΜΙΩΝΟΞΤΟΓ
ΘΕΛΗΙΔΙΚΑΙ
ΟΙΚΙΩΝΕΓΙΚΑΛ
ΚΑΜΗΞΙΝΑΓΟΤ
ΝΟΜΩΙΔΕΚΑΤΑΓ
ΚΔΙΚΑΞΤΑΞΟΤ
ΔΕΩΞΙΝΤΟΥΤ
ΔΕΤΙΞΥΞΤΕΡΟΝ
ΤΟΧΡΟΝΟΤΩΝ
ΝΩΝΟΡΚΟΝΕΝΑΙΤ
ΗΓΓΗΝΗΤΑΟΙΚ
ΔΙΚΑΞΤΑΞΗΜΙ
ΞΤΟΝΔΕΟΡΚΩΝΓΙ
ΝΕΞΤΗΚΟΤΟΞΚ
ΑΙΟΙΚΙΩΝΟΙΤΙΝΕΞ
ΛΩΝΔΗΞΚΑΙΓΑΝΑ
ΟΝΞΙΜΗΥΞΤΕΡΟ
ΝΟΜΟΝΤΟΥΤΟΛ
ΧΕΑΙΗΓΡΟΘΗΤΑ
ΙΝΑΙΤΟΝΝΟΜΟ
ΑΥΤΟΓΕΓΡΗΞΘΩ
ΕΙΝΑΙΙΕΡΑΚΑΙΑ
ΗΝΔΕΜΗΗΙΑΥ
ΤΗΡΩΝΑΥΤΟΝ
ΓΩΓΗΙΚΑΙΜΗ
ΑΙΕΞΑΛΙΚΑΡΝ
ΞΞΕΩΔΕΤΩΞΞ
ΩΙΕΛΕΥΟΕΡΟΝΕ
\ΡΑΒΑΙΝΗΙΚΑΤΟ
ΚΑΙΩΞΓΕΓΡΑΓΤ
ΩΕΓΙΚΑΛΕΝΜ

..ΛΛΙΚΛΗΝΙ   ΜΙΑΙΣΟΙΔΕΤΑΜΙΑΙΔΟΤΩ   ΓΑΡΑΧΡΗΜΑΤΟΙΣΕΓΙ
ΛΗΤΑΙΣΟΙΔΕΕΙ   ΗΤΑΙΔΟΤΩΣΑΝΤΟΙΣΕ   ΙΝΑΙΣΚΑΤΑΤΑΣΔΙΑΓΡΑ
ΡΑΣ ΟΓΩΣΔΑΝΩΓΡΘΔΑΝΕΙΣΑΝΤΕΣΕΙΣΤΗΝΙΤΟΑΝΗΝΟΔΗΜΟΣΑΝΑΤΙ
ΘΗΣΙΝΤΩΙΑΓΟΛΛΩΝΙΚΑΙΒΑΣΙΛΕΙΓΤΟΛΕΜΑΙΩΙΦΑΝΕΡΟΙΩΣΙΝΓΑΣΙΝΤΟΥΣ
ΕΞΕΤΑΣ ΤΑΣΕΦΩΝΝΑΝΣΥΝΤΕΛΕΣΘΗΙΗΣΤΟΑΟΡΟΙΑΝΓΡΟΔΑΝΕΙΣΩΣΙΝ
ΑΤΟΚΑΜΗΕΛΑΣΣΟΝΙ φ ΑΝΑΓΡΑΨΑΙΑΥΤΩΝΤΑΟΝΟΜΑΤΑΕΝΤΗΙΓΑΡΑ
ΣΤΑΔΙΤΗΣ ΣΤΟΑΣΓΑΤΡΙΣ ΤΙΓΡΟΣΓΡΑΨΑΝΤΑΣΟΤΙΟΙΔΕΕΔΩΚΑΝΤΩΙΔΗΜΩ
ΤΟΚΑΧΡΗΜΑΤΑΕΙΣΤΗΝΚΑΤΑΣΚΕΥΗΝΤΗΣΣΤΟΑΣ ΑΝΑΓΡΑΦΟΝΤΩΝΔΕΕΦΩ
ΓΟΝΤΟΝΓΛΕΙΣΤΟΝΔΟΝΤΑΟΓΩΣΔΑΝΚΟΜΙΣΩΝΤΑΙΟΙΓΡΟΔΑΝΕΙΣΤΑΙΓΟ
ΡΟΥΣ ΥΓΟΚΕΙΣΘΑΙΑΥΤΟΙΣ ΤΟΥΣ ΤΕΥΓΟΤΕΘΕΝΤΑΣΕΙΣΤΟΒΟΥΛΕΥΤΗΡΙΟΝ
κ ΟΜΙΣΑΜΕΝΩΝΟΙΣΓΡΟΤΕΡΟΝΥΓΕ ΤΕΘΗΣΑΝΥΓΟΚΕΙΣΘΑΙΔΕΑΥ ΤΟΙΣΚΑΙ
ΤΟΥΣΥΓΟΤΕΘΕΝΤΑΣΕΙΣ ΤΑΣΕΙΚΟΝΑΣΤΗΝΓΕΝΤΗΚΩΣ ΤΗΝΚΑΙΤΟΓΡΑΦΙΟΝ
ΤΩΝΟΡΚΩΝΚΟΜΙΣΑΜΕΝΩΝΟΙΣΓΡΟΓΕΡΟΝΕΥΗΦΙΣΤΑΙΥΓΟΚΕΙΣΘΑΙΔΕΑΥ
ΤΟΙΣ ΚΑΙΕΚ ΤΗΣ ΟΙΚΟΝΟΜΙΑΣ ΕΚ ΑΣΤΟΥΕΝΙΑΥΤΟΥΤΑΛΑΝΤΟΝΟΤΑΝΕΚΚΟΜΙ
ΣΩΝΤΑΙΑΥΤΟκΑΙΤΟΝΤΟΚΟΝΟΙΔΑΝΕΙΣΑΝΤΕΣΕΓΙΤΟΙΣΥΓΟΤΕΘΕΙΣΙΝΑΥ
ΤΟΙΣΑΓΟΤΗΣ ΟΙκΟΝΟΜΙΑΣΕΞΤΑΛΑΝΤΟΙΣΤΑΔΕΛΟΙΓΑΥΓΑΡΧΕΙΝΕΙΣΤΗΝ
ΟΙΚΟΝΟΜΙΑΝΓΡΟΣ ΥΓΟΚΕΙΣΘΑΙΔΕΚΑΙΤΟΓΕΝΗΘΟΕΝΕΚΤΗΣ ΣΤΟΑΣΓΡΑΘΕΝ
ΤΩΝΤΩΝΚΙΟΝΩΝΚΑΙΤΩΝΣΥΛΩΝΚΑΙΤΟΥΚΕΡΑΜΟΥ ΚΑΙΤΩΝΓΛΙΝΘΩΝΑΓΟΔΟΣ
ΘΩΣΑΝΔΕΤΟΥΣΜΕΝΚΙΟΝ ΑΣΓΓΟΥΣ ΜΕΧΡΙΤΟΥΔΙΚΑΣΤΗΡΙΟΥΟΙΚΑΙΤΑΕΡ
ΓΑΜΙΣΘΟΟΥΝ   ΤΗΙΑΥΓΘΙΕΚΚΛΗΣΙΑΙΟΔΕΓΡΙΑΜΕΝΟΣΕΝΗΜΕΡΑΙΣΤ
      ΝΤΑΤΟ   ΘΑΛΕΤΩ ΤΟΙΣΤΑ ΜΙΑΙΣΟΙΔΕ ΤΑΜ

ΘΕΟΤΙΜΗΕΥΦΗΜΟΥ
ΧΑΛΚΙΔΙΚΗ
ΙΣΤΙΑΙΟΥΔΕΓΥΝΗ
ΙΣΤΙΑΙΟΣΣΑΡΔΙΑΝΟΣ

ΝΑΝΝΙΟΝ
κΑΛΛΙΚΛΕΟΥΣ

ΓΑΙΔΕΣΑΘΗΝΟΚΡΙΤΟΥ
ΚΑΛΛΙΚΛΗΣ
ΔΙΟΣΚΟΥΡΙΔΗΣ
ΜΗΤΡΟΔΩΡΟΣ
ΑΘΗΝΟΔΩΡΟΣ
ΑΡΙΣΤΟΚΛΗΣ
ΥΓΕΡΤΗΣΜΗΤΡΟΣ
ΔΗΜΗΤΡΙΚΑΙΚΟΡΗΙ

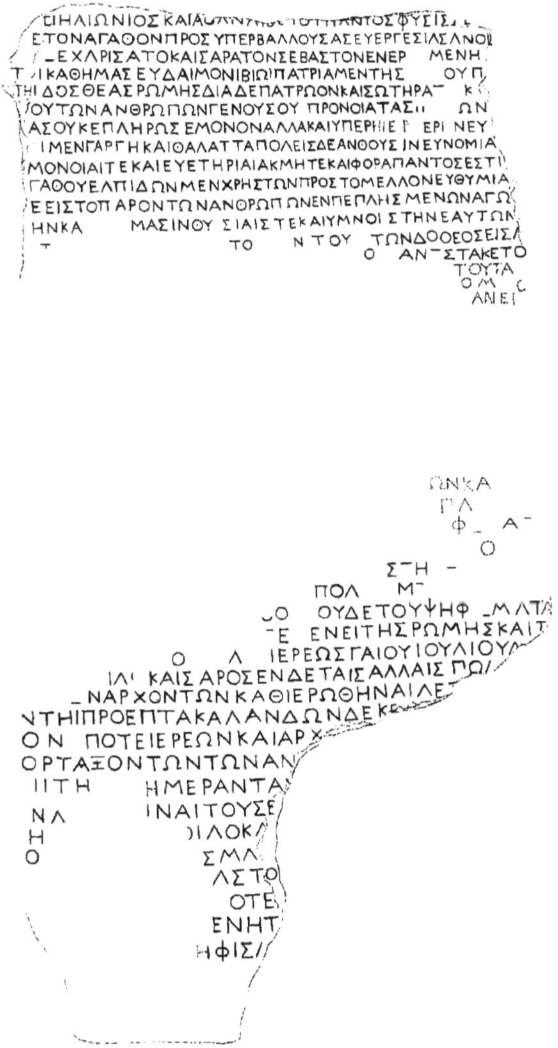

ΤΙΗΛΙΩΝΙΟΣ ΚΑΙΑΥ......ΙΟ...ΑΝΤΟΣ ΦΥΣΙΣ.....
ΕΤΟΝ ΑΓΑΘΟΝ ΠΡΟΣ ΥΠΕΡΒΑΛΛΟΥΣΑΣ ΕΥΕΡΓΕΣΙΑΣ ΛΝΟΙ
_ΕΧΛΡΙΣΑΤΟ ΚΑΙΣΑΡ ΑΤΟΝ ΣΕΒΑΣΤΟΝ ΕΝΕΡ ΜΕΝΗ
Τ ΙΚΑΘΗΜΑΣ ΕΥΔΑΙΜΟΝΙ ΒΙΩΙ ΠΑΤΡΙ ΑΜΕΝΤΗΣ   ΟΥ Π
ΤΗΙ ΔΟΣΘΕΑΣ ΡΩΜΗΣ ΔΙΑ ΔΕ ΠΑΤΡΩΟΝ ΚΑΙΣΩΤΗΡΑ⁻ Κ
ΟΥΤΩΝ ΑΝΘΡΩΠΩΝ ΓΕΝΟΥΣ ΟΥ ΠΡΟΝΟΙΑΣ ΙΙ   ΩΝ
ΑΣ ΟΥΚ ΕΠΛΗΡΩΣ ΕΜΟΝΟΝ ΑΛΛΑ ΚΑΙ ΥΠΕΡ ΗΙΕ Ι ΕΡΙ ΝΕΥ
Ι ΜΕΝ ΓΑΡ Η ΚΑΙΘΑΛΑΤΤΑ ΠΟΛΕΙΣ ΔΕ ΑΝΘΟΥΣ ΙΝ ΕΥΝΟΜΙΑ
ΜΟΝΟΙΑΙ Τ Ε ΚΑΙ Ε ΥΕΤΗΡΙΑΙ ΑΚΜΗ ΤΕ ΚΑΙ ΦΟΡΑ ΠΑΝΤΟΣ ΕΣΤΙ
ΓΑΘΟΥ ΕΛΠΙΔΩΝ ΜΕΝ ΧΡΗΣΤΩΝ ΠΡΟΣ ΤΟ ΜΕΛΛΟΝ ΕΥΘΥΜΙΑ
Ε ΕΙΣ ΤΟ ΠΑΡΟΝ ΤΩΝ ΑΝΘΡΩΠΩΝ ΕΝΠΕΠΛΗΣ ΜΕΝΩΝ ΑΓΩ
ΗΝΚΑ   ΜΑΣ ΙΝΟΥ ΣΙΑΙΣ ΤΕ ΚΑΙΥΜΝΟΙ Σ ΤΗΝ ΕΑΥΤΩΝ
Τ   ΤΟ   Ν Τ ΟΥ ΤΩΝ ΔΟΘΟΕΟΣΕΙΣ
                                    Ο ΑΝ⁻ΣΤΑΚΕΤΟ
                                        ΤΟΥΤΑ
                                        Ο Μ C
                                        ΑΝΕΙ

ΩΝΚΑ
ΓΛ
Φ_ Α⁻
Ο
Σ⁻Η -
ΠΟΛ   Μ⁻
ΙΟ ΟΥΔΕ ΤΟΥ ΨΗΦ _Μ ΛΤΑ
⁻Ε ΕΝ ΕΙ ΤΗΣ ΡΩΜΗΣ ΚΑΙΤ
Ο Λ ΙΕΡΕΩΣ ΓΑΙΟΥ ΙΟΥΛΙΟΥ
ΙΛΙ ΚΑΙΣΑΡΟΣ ΕΝ ΔΕ ΤΑΙΣ ΑΛΛΑΙΣ ΠΟ
_ΝΑΡΧΟΝΤΩΝ ΚΑΘΙΕΡΩΘΗΝΑΙ ΔΕ
ΝΤΗΙ ΠΡΟ ΕΠΤΑ ΚΑΛΑΝΔΩΝ ΔΕ Κ
ΟΝ ΠΟΤΕ ΙΕΡΕΩΝ ΚΑΙ ΑΡΧ
ΟΡΤΑΞΟΝΤΩΝ ΤΩΝ ΑΝ
ΙΙ ΤΗ   ΗΜΕΡΑΝ ΤΑ
ΝΛ   ΙΝΑΙ ΤΟΥΣΕ
Η   ΟΙΛΟΚ
Ο   ΣΜΛ
      ΛΣΤΟ
      ΟΤΕ
      ΕΝΗΤ
      ΗΦΙΣ

ΑΙΝΕΑΣ ΛΑΣΘΕΝΟ
ΚΑΙΤΙΜΟΚΙΟΝ ΓΑΜΦΙΛΟ
ΤΟΝ ΥΙΟΝ ΛΑΣΘΕΝΗ:
ΘΕΟΙΣ

ΙΣΑΝΤΕΣ
ΤΙΙΕΡΕΩΣ
ΤΙΜΗΣΑΝ
ΜΟΝΑΙΝΕΟΥ
ΡΑ ΤΜΑΤΕΑ
ΟΝΙ Χ
ΤΗΕΙΞΑ

ΤΑΛΕΣΤΗΣ Α ΤΛ ΔΩΡΟΥ

ΟΙΟΥΛΙΕΩΝΤΩΝΚΑΙΛΑΛΟΔΙΚΕ
ΤΩΝΠΡΟΣΘΑΛΑΣΣΗΙΤΗΙΕΡΑΣ
ΚΑΙΑΣΥΛΟΥΚΑΙΑΥΤΟΝΟΜΟΥΓΑΙΟΝ
ΙΟΥΛΙΟΝΑΡΤΕΜΙΔΩΡΟΥΥΙΟΝΟΕ ΥΓ
ΤΟΝ ΕΥΝΟΙΑΣΕΝΕΚΕΝ

ΡΑΣ ΕΙΣΙΕΡΕΙΑΝΑΥΡΗΙ
Α ΓΥΜΝΑΣΙΑΡΧΟΥΝΤΩ
ΙΟΥ ΙΑΣΟΝΟΣΤΟΥΜΕΝ
ΟΥΑ ΘΕΟΔΟΤΟΣΑΤΟΥ
ΔΩΡΟΣΔΙΟΓΕΝΟΥΣΓΗ
ΟΥΙΕΡΕΙΣσΚΩΜΟΣΓΑΙ
ΥΠΟΡΟΥ ΕΥΣΧΗΜΩΝ
ΘΑΛΑΣΣΕΡΩΣΑΛΗΝΑΙΟΣΑ
ΩΤΗΡΑ ΕΥΤΥΧΗΣΣΩ
ΚΑΙΟΙΛΟΙΠΟΙ Ρ Σ Ø

ΟΔ
ΣΕΡΟΥΙΟΝ ΠΙΚΙΟΝ
ΑΠΟΛΛΩΝΙ ΠΟΝ
ΕΚΑΤΑΙΟΝΤ...ΙΑΤΡΟΝ
ΚΑΙΦΙΛΟΝΤΟΥΣΕΒΑΣΤΟΥ
ΕΥΝΟΙΑΣΕΝΕΚΑ
ΤΑΣΕΙΣ ΑΥΤΟΝ ΘΕΟΙΣ

ΔΙC ΟΙΔΕΑΝΕΙ
ΑΝΜΕΝΕΙ
ΕΦΑΡΜΟΣ
ΚΡΑΤΟΥΣ
ΡΛΛ ΑΡΤΕΜΣ
ΝΕΥΣΣΙ
ΟΥΕΥΠΣ
ΠΑΡΘΕΝΙ
ΕΡΜΑΣΑ
ΤΗΡΟΣΛ

ν⁹ ΔΑΜΑΤΡΙΔΙΟΚΛΕΙΑΝΙ
    ΚΑΓΟΡΑΑΡΧΙΔΑΜΟΥ
    ΓΥΝΑ

ν⁹ ΣΩΣΤΡΑΤΟΣ ΛΑΧΑΡΤΟΥ
    ΔΑΜΑΤΡΙΚΟΥΡΑΙΓΛΟΥΤΩΝΙΕΠΙΜΑΧΩΙ
    ΕΡΜΑΙ

ΚΟΥΡΑΙΚΑΙΔΑΜΑΤΡΙΟΙΚΟΝΚΑΙΑΓΑΛΜΑΝΕΟΗΚΕΝΧΡΥΣΟΓΟΝΗ
ΜΗΤΗΡΙΠΠΟΚΡΑΤΟΥΣΔΕΑΛΟΧΟΣΧΡΥΣΙΝΑΕΝΝΥΧΙΑΝΟΨΙΝ
ΙΔΟΥΣΑΙΕΡΑΝΕΡΜΗΣΓΑΡΝΙΝΕΦΗΣΕΘΕΑΙΣΤΑΘΝΗΙΠΡΟΠΟΛΕΥΕΙΝ

ν⁹⁹ ΑΔΙΝΝΑΣΩΠΟΛΙΟΣΘΥΓΑΤΗΡΠΟΛΥΧΑΡΕΥΣΓΥΝΑ
     ΚΑΙΤΟΙΠΑΙΔΕΣΔΑΜΑΤΡΙΚΑΙΚΟΥΡΑΙ

     ΓΛΑΘΑΙΝΙΣΓΛΑΤΩΝΟΣΓΥΝΑ
     ΔΑΜΑΤΡΙΚΑΙΚΟΥΡΑΙ

ν⁹⁹ ΔΑΜΑΤΡΙΚΑΙΚΟΥΡΑΙΚΑΙΤΟΙΣ
     ΘΕΟΙΣΤΟΙΣΠΑΡΑΔΑΜΑΤΡΙΚΑΙ
     ΚΟΥΡΑΙΧΑΡΙΣΤΕΙΑΚΑΙΕΚΤΙΜΑ
     ΤΡΑΑΝΕΘΗΚΕΓΛΑΘΑΙΝΙΣΓΛΑ
     ΤΩΝΟΣΓΥΝΑ

     ΙΡΑΙΠΛΑΘΑΙΝΙΣΠΛΑΤΩ ΝΟΣΓΥΝΑ   ν⁹⁹ ΣΤΙΦ
                                           ΔΑΜ

     ΝΙΚΟΚΛΕΙΑΝΙΚΟΧΟΡΟΥ
     ΓΥΝΑΔΕΑΠΟΛΛΟΦΑΝΕΥΣ
     ΔΑΜΑΤΡΙΚΑΙΚΟΥΡΑΙΚΑΙΘΕΟΙΣΤΟΙΣ
     ΠΑΡΑΔΑΜΑΤΡΙΕΥΧΑΝ

     ΞΕΝΩ   ν⁹⁹ ΦΙΛΙΣΙΕΡΕΙΑ   ν⁹⁹ ΑΛΚΙΙΑΧΑ
     ΔΗΜΗΤΡΙΚΑΙ   ΚΟΥΡΑΙ   ΑΝΑΞΙ
     ΚΟΥΡΑΙΕΥΧΗΝ

ν⁹²⁵ΑΓΗΣΙΚΛΕΑ   ν⁹⁹ ΔΕΙΑ   ν⁹⁹ ΙΣΤΙΣΔΑ
    ΔΑΜΑΤΡΙ   ΓΕΡΕΙΑ   ΝΑΚΑΙΠΑΙΖ
                         ΚΟΥΡΑΙ

ΒΑΙΟΝΟΔΟΙΠΟΡΙΗΣΕ...ΙΛΑΕΙΓΕΤΑΙΑΛΛΑΠΡΟΣΑΙΓΟΩ
ΤΗΝΟΛΙΓΗΝΑΝΥΣΕΙΣΑΤΡΑΠΙΤΟΝΔΙΕΡΩΝ
ΧΕΙΡΟΣΑΦΗΜΕΤΕΡΗΣΛΑΙΗΣΣΕΝΕΚΑΜΕΓΡΟΣΕΙΡΑΣ
ΧΑΙΡΕΙΝΕΙΣΤΕΙΧΕΙΣΓΡΟΣΦΙΛΙΟΥΤΕΜΕΝΟΩ
ΗΡΩΟΣΑΝΤΙΓΟΝΟΥΜΟΥΣΑΙΔΕΣΟΙΕΙΤΙΝΕΜΟΥΣΙΝ
ΕΣΘΛΟΝΑΓΑΡΧΕΣΘΑΙΔΑΙΜΟΣΙΝΕΓΜΕ ΕΤΗΣ
ΚΑΙΓΑΡΑΟΙΔΟΙΣΙΝΟΥΜΕΛΗΚΑΙΣΗΚΟΣΥΓΙΑΓΚΕΙ
ΤΩΙΕΓΙΓΟΝΟΥΚΟΥΡΩΙΞΥΝΟΣΟΜΕΥΝΕΤΙΔΟΣ
ΚΑΙΔΡΟΜΟΣΗΙΘΕΟΙΣΙΝΙΔΡΥΕΤΑΙΗΔΕΡΑΛΛΑΙΣΤΗ
ΛΟΥΤΡΑΤΕΚΑΙΤΑΡΣΙΠΙΠΑΝΟΜΕΛΙΙΟΜΕΝΟΣ
ΑΛΛΑΣΙΝΗΣΕΡΧΕΥΚΑΙΓΑΡΑΡΚΑΔΙΗΣΓΕΜΕΝΟΥΡΟΝ
ΕΡΜΗΝΟΥΜΕΜΨΕΙΤΡΗΧΕΟΣΕΧΦΕΝΕΘΥ

ΔΑΜΑΤΡΙΑ ΕΙΡΗΝΑΙΟΥ
ΤΟΝΤΑΣΘΥΓΑΤΡΟΣΥΟΝ
ΔΙΔΝΑΞΕΝΟΦΩΝΟΣ
ΑΡΤΑΜΙΤΙΙΑΚΥΝΘΟΤΡΟΦΑ
ΕΓΓΙΦΑΝΕΙ

ΞΗΝΟΔΟΤΟΣΜΕΝΙΓΓΟΥ
ΚΝΙΔΙΟΣΕΤΟ ΙΗΞ Ε

ΙΩΝΑΟΓΑΤΗΡΕΥΚΡΑΤΗΣ
ΓΙΩΝΟΣ ΚΑΙΔΜΑΤΗΡΧΡΥΣΩ
ΓΕΙΣΙΝΘΟΥΙ

ΕΓΓΙΝΕΘΟΓΟΛΙΤΑΝΓΡΟΣΤΑΤΑΝΑΦΙΚΟΜΑΝ
ΕΡΜΑΞΑΦΡΟΔΙΤΑΙΓΑΡΕΔΡΟΣΑΛΛΑΧΑΙΡΕΤΕ
ΟΙΤΙΝΕΣΔΟΙΓΡΟΣΤΑΤΑΙΓΡΑΦΗΓΑΡΟΥΣΑ
ΞΗΜΑΝΕΙ ΤΙΜΟΚΛΕΙΑΔΕΚΡΙΤΑΓΟΡΑΣ
ΑΡΙΣΤΑΓΑΘΟΣΕΙΛΕΓΝΙΑΣΤΙΜΟΤΕΛΗΣ
ΓΑΝΝΙΚΟΣΕΥΚΛΗΣΚΡΕΩΝΦΙΛΩΝΑΡΧΕΣΤΡΑ
ΤΟΣ:ΑΓΑΘΟΔΩΡΟΣΞΕΝΟΚΡΙΤΟΣΤΕΛΕΣΩΝ
ΓΟΛΙΑΝΟΗΣΕΩΣΙΚΛΗΣ

ΟΕΥΔΩΡΟΣ Γ

ΟΣΕ
ΕΡΜΟ

ΙΕΡΟΕΤΔΑΜΟ
ΕΥΧΑΝ

ΘΕΟΙΣ

ΣΤΡΑ
ΕΡΜΟΟ   ΤΟΥ

ΟΣΙΑΝΤΕΥΘΕΙΣ
ΑΠΟΛΛΩΝΙΔΑΣ
ΑΛΕΞΑΝΔΡΕΥΣ
ΧΑΡΙΣΤΕΙΑ

_ΩΡΟΣ ΕΡΜΟΦΑΝΤΟΥ ΤΟΝ ΠΑΤΕΡΑ ΚΑΙ ΤΟΥΣ ΑΔΕΛΦΟΥΣ

ΡΟΣΕΛΕΥΘΟΕΡΝΑΙΟΣΕΠΟΙΗΣΕΝ

ΕΠΙΚΡΑΤΗ Ψ Ι ΛΩΝΟΣ
ΤΟΙΓΑΙΔΕ Ψ ΑΝΤΙΚΡΑΤΗΣ
ΦΙΛΟΚΡΑΤΗΣΑΣ ΚΛΑΓΙΩΙ

ΟΚΡΑΤΟΡΑΚΑΙΣ
ΘΕΟΥΤΡΑΙΑΝΟΥΠΑ ΘΙΚ Ο ι
ΥΙΟΝΘΕΟΥΝΕΡΟΥΑΥΙΩΝΟΝΤ ΡΙΑ
ΝΟΝΑΔΡΙΑΝΟΝΣ ΕΒΑ   Ν

ΟΔΑΜΟΣ
ΙΟΥΛΙΑΝΘΕΥΦΙΔΟ
ΘΥΓΑΤΕΡΑ–ΕΠΙΑΝΑΣΣΑΙ
ΜΑΤΕΡΑΔΕΛΕΥΚΙΟΥΜΟΙ
ΧΟΥΑΡΕΤΑΣΕΝΕΚΑΚΑΙΕΥΝΟΙΑ

ΤΑΣ ΕΣΑΥ ΤΑΝΘΕΟΙ

ΦΡΑΝΩΡΟΕΡΣΙΜΑΧ ΟΥ
ΟΘΕΣΙ '' ΔΕΕΥ ΦΡΑΝΟΡΟΣ
Τ ΟΝΠΑΤΕΡΑΕΥΦΡΑΝΟΡΑ
ΝΟΡΟΣΤΟΥΕΥΦΡΑΝΟΡΟΣ
ΓΣΕΙΤΕΥΣΑΝΤΑΤΑΣ
ΣΤΡΑΓΕΙΑΣΚΑΙΤΙΜΑΘΕΝ
ΠΟΤΟΥΔΑΜΟΥ ΘΕΟΙΣ

ΝΑΤΟΙΣ
ΕΝΤΑ
ΜΙΟΥΡΓΟΣΑΡ
ΚΡΑ ΖΙΔΡΥΣΑΤΟ
ΒΩΜΟΝ

ΔΙΟΣ

ΕΙΜΑΙΤ
ΦΙΛΟΥΗΕ
ΡΕΙΜΕΡΟΣ
ΕΤΕΣΝΑΕΗ
ΥΦΡΑΣΙΝΧΑΡ
ΤΙΤΕΠΙΑΝΤΑΚ
ΚΑΙΔΙΑΤΟΥΤΟ
ΣΙΠΟΘΕΙΝΟΣΕ
ΑΛΛΑΜΕ ΜΟΙΡΑΣ
ΝΟΙΦΙΕΝΟΤΕΝ
ΕΙΛΑΡΙΘΜΟΝΖΟΗ
ΜΙΤΟΙΣΙΝ.ΡΟΝΟΝ

...ΥΛΟ
ΒΟΥΛ
ΕΤΤΟΥ
ΩΥ

ΣΥΝ ΓΡΑΜΜΑ
ΤΑΔΕΣΥΝΕΓΡΑ΄ΑΝ΄ΑΝΑΝ
ΤΕΣΙΔΙΑΤΑΦΙΣΜΑΤΟ
ΔΡΟΜΙΩΤΑΣΔΙΕΡΙ
ΛΟΧΑΓΟΥ
ΦΑΝΤΟ
ΩΦΟΣ
ΑΤΡ

...ΙΣΩΤΟΤΙ΄ΙΛΡΑ
ΚΑΤΑΛΟΥΕΠΙΤΗΘΟΙΣΟΝΤΟΣ
ΝΟΥΣΤΟΥΜΕΧΙΟΝΟΣΕ
ΟΝΑΜΕΙΣΤΟΜΕΛΑΚΩΔΑΝ
ΡΑΙΘΑΦΕΤΣΕΤΠΑΡΧΟΥ
ΛΑΜΠΡΟΤΑΤΟΥΚΑ
ΠΑΡΑΜΕΙΝΤΕΝΟΥ
ΤΗΔΑΕΤΗΠΙΑΣ΄Η
ΚΟΣΔΗΜΗΜ
Ω΄ΡΑΣ
ΟΝΙ

ΤΟΥΚΑΤΑΚΤΗΣΔΑΜΕΝΟΥ Τ
ΘΕΜΑΝΚΑΙΑΝΙΣΦΘΙΑΝΘΕΟ
ΤΟΥΑΡΤΕΜΙΑΔΛΡΟΥΤΕΘΝΑΚΕ
ΛΑΜΟΣΕΝΟΥΜΕΤΡΙΑΣΥΝΧΥ
ΝΟΜΕΝΟΣΕΛΑΙ΄ΤΑΝΥΠΑΡΧΟΥΣ
ΑΥΤΑΝΔΡΑΕΤΑΝΤΕΚΑΙΑΟΛΑ
ΠΑΕΛΕΣΤΙΝΘΟ΄ΥΜΙΑΣΣΥΝΕ
ΕΙΣΟ΄ΕΑΤΡΟΝΑΝΙΚΑΕΙΣΕ
ΟΤΟΘΕΑΤΡΟΝΑΝΙΚΑΕΣΕ
ΕΝΤΟΔΕΤΟΥΗ΄Η
ΗΕΟΥΣΕΙΤΗΗ΄
ΠΙΚΑΙΕΝΕΒΟΑΣΕ
ΤΙΚΕΛΕΥΣΑΤΟΘΑΝ
ΜΩΣΗΜΩΝΣΥ
ΛΥΤΗΜΕΠΙΤΗΤ
ΤΑΧΟΤΩΣ
ΚΟΣΣ΄ΕΤΑΙ
ΑΙΜΕΙΤΑΙ
ΑΝΙΑ
ΑΝΟΡΦ
ΡΟΣ
΄Σ

ΝΟΝΕ
ΝΟΝΗ
ΜΑΤΟΣΔΙΑ
ΚΑΙΚΑΣΣΕΝ
ΜΕΝΟΥΝΤΙΟΣ
ΣΤΑΤΗΡΟΣΕΝ
ΡΟΝΑΥΤΟΥΤΙ
ΑΡΑΣΕΠΙΤΟΥΜΝ
ΤΑΥΤΑΝΕΠΑΙΝΗΝΟ
ΔΙΟΝΥΣΕΙΩΤΩΝΤΙ
ΜΕΤΑΙΑΣΠΟΝΔΑΣΑΝΑΤΟ
ΑΤΟΥΚΑΡΥΚΟΣΤΑΞΒΟΥΛΑΣΟ
ΕΠΙΛΑΙΝΕΙΚΑΣΤΕΦΑΝΟΙΤΑΙ΄ΟΙ
ΣΤΕΦΑΝΩΝΤΕΙΜΑΣΛΥΚΑΙΘΙΟΝΑΡ
ΕΣΤΟΛΟΙΠΟΝΑΝΑΤΟΡΕΥΕΝΔΙΟΝΥΣΙΑΣ
ΚΛΕΙΔΑΑΡΕΤΑΣΕΝΕΚΑΚΑΙΕΥΝΟΙΑΣ
ΕΛΕΟΧΑΙΔΑΣΤΑΝΔΥΜΩΣΤΙΖΑΤΟΛΑΕΤ Α
ΜΕΝΟΣΠΑΡ΄ΙΟΥΕΝΑΡΧΑΑΦΕΣΤΗΡΟΧΤΟ
ΤΑΝΕΤΤΙΜΕΛΕΙΑΝΤΑΣΕΙΚΟΝΟΣΤΑΞΑΝΑΤΑ
ΣΙΟΣΕΝΤΑΧΕΙΤΙΟΙΗΣΕΙΤΑΙΕΚΥΡΩΘΗΧΕΙ
ΡΟΤΟΝΙΑΕΝΒΟΥΛΑ ΕΚΥΡΩΘΗΚΑΕΝΤΩ
ΛΛΟΣΕΜΗΟΥΔΕΜΙΑ ΑΝΗΡΑΙΡΕΘΕΤΙ
ΤΑΤΑΞΟΤΑΣΕΙΚΟΝΟΣΝΕΙΚΗΘΕΙΘ
ΤΟΥΣΩΦΡΟΝΟΣ

...ΣΑ
ΚΑΙΓΕΝΕ΄
ΗΑΓΝΟΠΛΑΧ
ΦΟΡΑΝΚΑΙΕΠΙΒΕΔΟ
ΔΕΥΘΝΑΙΑΥΤΗΝΔΑ
ΑΘΑΝΑΓΟΡΑΚΝΙΛΑΙ
ΒΕΙΣΟΙΤΙΝΕΣΑΦΟΙ΄
ΞΙΝΤΟΔΕΤΟΥΗ΄
ΗΣΟΥΣΕΙΤΗΗ΄
ΜΩΣΗΜΩΝΣΥ
ΛΥΤΗΜΕΠΙΤΗΤ
ΚΟΣΣ΄
ΤΕΑΝΔ
ΑΝΟΡ΄
ΡΟΣ
΄Σ

...ΣΑ΄ΑΝ
ΚΑΤΕΝ
ΕΥΤΟΠΕΤΘ
ΑΙΣΑΝΑΤΟΡΕ
ΑΡΙΣΤΟΜΑΧΕΙΔΑ
΄ΕΡΜΑΥΤΑΝΣ΄Ω
ΒΟΥΛΑΓΝΩΜΑ
ΑΡΧΑΔΑΜΙΟ΄ΥΡΓΟΝ
ΝΟΝΕΝΤΑΙΕΤΕΙΝΟ
΄ΤΙΓΥΣΕΣΙΝΑΝΑ
ΝΔΡΟΣΑΥΤΑΤΑΥ
ΥΝΑΙΚΟΣΑΥΤΟΥ
ΙΤΟΝΑΡΥΚΑΤΑ
ΑΝΤ

...ΣΑ...΄...ΛΤ΄ΕΦΑΝΩΙΚΑΙΑΛΛΟΙΣ
΄ΣΕ...ΛΤΕΦΑΝΟΙΣ ΤΡΙΣΙΕΙΚΟΣ
ΛΚΕ...ΤΡΙΣΙΚΑΙΜΑΡΜΑΡΙΝΑΙΣ
ΞΙΚ...ΥΣΕΑΙΣΤΡΙΣΙΑΝΑΤΟΡΕΥΣΕΣ
ΙΣΤΕΦΑΝΑΦΟΡΙΑΙΣΚΑΙΠΡΟΕΔΡΙΑΙΣ
ΙΠΑΣΙΤΟΙΣΑΓΩΣΙΚΑΙΑΙΑΥΤΩΙΚΑΙ
ΚΤΟΝΔΙΣΣΙΤΗΣΕΙΕΝΔΑΜΙΟΡΓΙΟΙ
ΚΑΙΣΩΗΙ ΚΑΙΕΠΕΙΚΑΜΕΤΑΛΛΑΞΗΙ
ΔΕΙΟΝΤΑΦΑΙΔΑΜΟΣΙΑΙΚΑΙΕΝΤΑΦΑΙ
ΑΠΟΛΙΝΕΝΤΩΣΙΕΠΙΣΑΜΟΤΑΤΩΙ
ΤΓΥΜΝΑΣΙΟΥΤΟΠΩΙ ΕΣΤΑΚΕΙΔΕ
ΤΟΥΚΑΙΕΙΚΟΝΑΧΡΥΣΕΑΝΣΥΝΝΑΟΝ
ΙΑΡΤΑ ΑΙΤΙΤΑΙΙΑΚΥΝΘΟΤΡΟΦΩΙ
ΑΙΕΠΙΦ ΑΝΕΙΑΣ Κ ΑΙΑΥΤΑΣΙΕΡΕΥΣ
ΠΑΡΧΕ ΔΙΑΒΙΟΥ ΚΑΙΒΩΜΟΝ
ΙΔΡΥΣ ΜΕΝΟΣΚΑΙΘΥΣΙΑΣΚΑΙΠΟΜΠΙΑΝ
ΚΑ ΜΝΙΚΟΝΑΓΩΝΑΤΕΝΤΑΕΤΗΡΙΚΟΝ
ΥΑΦ ΕΑΜΕΝΟΣ ΑΡΤΕΜΙΔΩΡΕΙΑ
ΤΕ ΄ΙΜΑΚΕΙΑΥΤΟΝΤΙΜΑΙΣΙΣΟΘΕΟΙΣ

ΜΕΛΙΤΩΝΟΣ▮▮ΟΥΔΕΞΙκΡΑ.
ΤΕΥΣΑΝΤΙΟΧΕΩΣΜΕΤΟΙΚΟΥ

ΛΑΙΝΑΣΟΙΤΥΜΒΩ ι ΔΩ ΜΗΜΑΤΑΘΕΙΟΣΕΤΕΥΞΑ
ΑΤΘΙΣΟΔΙΣΤΗΣΣΗΣ ΗΛΙΚΙΗΣ ΠΡΟΓΕΡΩΝ
ΕΥΞΑΜΕΝΟΣ ΧΕΙΡΩΝΑΠΟΣ ΩΝκΟΝΙΝΑκΡΙΤΕΔΑΙΜΟΝ
ΑΜΦΟΤΕΡΟΙΣΗΜΙΝΕΣΒΕΣΑΣ ΗΕΛΙΟΝ

ΑΤΘΙΣΕΜΟΙΖΗΖΑΖΑ ΚΑΙΕΙΣ ΕΜΕΠΝΕΥΜΑΛΙΠΟΥΣΑ
ΩΣΓΑΡΟΣΕΥΦΡΟΣ ΥΝΗΣΝΥΝΔΑ ΚΡΥΩΝΠΡΟΦΑΣΙ
ΑΓΝΑΠΟΥΛΥΓΟΗΤΕΤΙΠΕΝΘΙΜΟΝΥΠΝΟΝΙΑΥΕΙΣ
ΑΝΔΡΟΣΑΠΟΣΤΕΡΝΩΝΟΥΓΟΤΕΘΕΙΣΑΚΑΡΑ
ΘΕΙΟΝΕΡΗΜΩΣΑΣΑΤΟΝΟΥΚΕΤΙΣΟΙΓΑΡΕΣΑΔΑΝ
ΗΛΘΟΝΟΜΟΥΖΩΑΖΕΛΠΙΔΕΣΑΜΕΤΕΡΑΣ

ΟΥκΕΓΙΟΝΛΗΘΗΣ ΑΙΔΩΝΙΔΟΣΕΣΧΑΤΟΝΥΔΩΡ
ΩΣΣΕΓΑΡΗΓΟΡΙΗΝ κ Α ΝΦΘΙΜΕΝΟΙΣΙΝΕΧΩ
ΘΕ ΙΕΓΛΕΟΝΔΥΣΤΗΝΕΓΑΜΩΝΟΤΙΤΩΝΑΜΙΑΝ
ΤΩΝ ΝΟΣΦΙΣΘΕΙΣΚΛΑΙΕΙΣ ΧΗΡΟΣ ΥΝΗΝΘΑΛΑΜΩΝ

ΤΟΥΤΟΣΑΟΦΡΟΣΥΝΑΣΓΕΡΑΣΑΤΘΙΔΙΤΑΓΟΛΥΚΛΑΥΤΩ
ΟΥ κΙΣΟΝΟΥΔ ΕΑΡΕΤΑΣΑΞΙΟΝΑΛΛΕΘΕΜΑΝ
ΜΝΑΜΑΝΕΙΣΑΙΩΝΑΦΕΡΩΝΥΜΟΝΑΥΤΟΣΑΝΑΓΚΑ
ΘΕΙΟΣΝΗΠΙΑΧΩ ΠΝΕΥΜΑ ΧΑΡΙΖΟΜΕΝΟΣ
ΟΙΣΩΓΑΡκΑΙΤΟΥΤΟΧΑΡΙΝΣΕΟΚΑΙΤΟΝΑΓΗΝΗ
ΟΜΜΑΣΙΤΟΙΣΣΤΥΓΝΟΙΣΟΨΟΜΑΙΗΕΛΙΟΝ

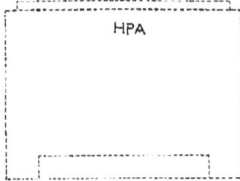

HPA

ΚΟΥΡΟΤΡΟΦΟΥ

ΑΓΑΘΗ ΤΥΧΗ
ΛΕΥΚΙΟΝ ΛΕΥΚΙ
ΟΥ ΝΙΚΗΣΑΝΤΑ
ΤΑΜΕΓΑΛΑΔΙΔΥ
ΜΕΙΑ ΑΓΩΝΙΣΑ
ΜΕΝΟΝΔΕΚΑΙΟ
ΛΥΜΠΙΑΤΑΕΝΤΕΙ
ΗΠΕΡΙΤΟΥΣΤΕΦΑ
ΝΟΥΑΓΩΝΙΣΑΜΕΝΑ
ΔΕΚΑΙΤΟΥΣΑΛΛΟΥΣ
ΠΑΝΤΑΣΑΓΩΝΑΣ
ΞΕΙΟΝΕΙΚΩΣΗΒΟΥ
ΗΚΑΙΟΔΗΜΟΣ

ΗΒΑΣΔΗΚΕΙΝΑΣ
ΜΝΑΜΑΓΑΤΡΟ
ΤΟ]ΟΣΚΑΛΛΙΚΡΑΤΕ
ΟΥΝΕΣΑΝΑΣΚΙΕΡ

ΤΙΟΣΑΡΟΛΛΩΝΙΟ

ΠΡΟΦΗΤΗΣΤΦΛΑΒΙΟΣΑΝΔΡΕΑΣ ΕΥ
ΕΚΤΟΝΟΣΤΡΟΦΗΤΩΝΚΑΙΣΤΕΦΑ
ΝΗΦΟΡΩΝΑΡΖΑΣΤΑΣΕΠΩΝΥΜΟΥΣ
ΑΡΧΑΣΚΑΙΑΜΑΤΟΙΗΣΑΣΟΣΑΕΔΥΝΗ
ΘΗΝΜΕΤΡΙΑ

ΑΠΟΛΟΝΩΝΑΣ ΤΕΜΕΝΟΣΑΜ ΦΕΠΩΒΡΑΓΧΟΥ
ΕΙΤΟΙΜΕΜΗΑΕΝΕΜΠΕΔΟΣΓΡΟ ΦΗΤΕΙΗ
ΕΣΑΝΔΡΕΑΝΟΣΣΟΙΣΙΠΡΗΣΙΝΔΕΡΚΕΥ

ΕΩΣΙΒΙΟΝΔΙΟΣΚΟΥΡΙΔΟΥ
ΑΛΕΞΑΝΔΡΕΑ
ΑΓΑΘΟΒΟΥΛΟΣΝΕΩΝΟΣ
ΑΛΕΞΑΝΔΡΕΥΣ
ΘΕΟΙΣ

ΝΟΔΟΤΟΣΚΑΙΜΕΝΙΠΠΟΣΧΙΟΙΕΠΟΙΗΣΑΝ

ΜΑΝΔΡΟΥΤΟΥΗΓΗΜΑΝΔΡΟΥΛ
ΠΡΟΦΗΤΗΣ
ΣΩΓΠΟΛΙΔΟΣΑΝΗΡΕΥΣΕΒΗΣΚΑΙ
ΓΡ ΕΣ ΒΕΥ ΣΑΣ ΔΕΚΑΤΕΙΣΡΩ
ΚΑΙΤΑ ΣΤ ΗΣΑ ΣΤΗΝΤΕΓΡΟ
ΛΗΣΙΑΝΤΩΙΔΕ ΞΑΝΙΚΑΙΤΟΥΣΝΟΜΟΥΣ
ΔΕΚΑΙΕΙΣΑΛΕ ΞΑΝΔΡΗΑΝΤΗΝΠΡΟΣ
ΟΣΒΑΣΙΛΕΑΓΓΟΛΕΜΑΙΟΝΒΑΣΙΛΕΩΣ
ΘΕΟΥΝΕΟΥΔΙΟΝΥΣΟΥΚΑΙΚΑΤΑΓΑΓΩΝ
ΜΕΤΑΘΥΡΩΜΑΕΛΞ ΦΑΝΤΟΣΤΑΛΛΑΝ
ΣΕΡΑΜΝΑΣΕΙΚΟΣΙ
ΠΡΟΦΗΤΗΣ
ΣΦΙΛΙΔΟΥΕΝ ΔΕΤΟΙΑΥΤΩΙΕΝ
ΦΟΡΕΙΗΘΥΓΑΤΗΡΑΥΤΟΥΧΡΥΣΕΩΙ
ΠΡΟΦΗΤΗΣ
ΑΡΤΕΜΩΝΟΣΦΥΣΕΙΔΕΑΝΤΙΓΟΝΟΥ
ΤΩΠΟΛΙΣΑΝΤΙΓΟΝΟΥ

```
\ I
ΗСΘΕ
\ΤΕΥΩι
ΙСΘΕΟΥΠΕ
ΟСΚΑΙΤΟΥСΙι                    ιΕΝ
ΛΟΤΙΜΩСΕСΤΙΑ              ΟΥССΚΤΙι
ΟΛΕΩСΠΑΡΑΓΕΝΟΜΕΝω ι Ι ΑΙСΕΟΡΤΑ
ΟΙСΤΗСΘΕΟΥΗΜΕΡΑΙСΠΟΛΛΟΥСΚΑΙΤΟΥ
ΝΤΩΠΕΡΙΠΟΛΙΩ ΔΕΚΑΤΟΙΚΟΥΝΤΑС Ε
\ΩΚΕΝΚΑΙΤΗΠΟΛΕΙ ΔΡΑΧΜΑС ΔΙСΧΙΛΙΑС
ΞΡΙ ΑΤΑΤΙΑС ΤΡΗΙ ΟΥ ΜΙΝΝΑΚΟΝΕΩΚΟ
ΟС ΙΕΡΟΚΛΗСΑΡΙСΤΓΙ ΔΟΥΚΑΟΥ ΙΟΘΕСΙΑΝ
ΕΡΟΚΛΕΟΥС ΚοΕΠΙΚΛ ΑΙΝΕΙΟΥΗΡΩΟ С ΤΟ Β
```

```
ΜΕΛΑΝ                         ΤΟ
ΤΟΥΘΥ                          Ͻ
        ιΝΕΙ ΣΤΕΡΟΙΖ
ΜΗΤΡΟΦΑΝΟΥΤΟΥΕΥΑΙΟΝΟСΤ
        ΕΡΜΗΙΚΑΙΗΡΑΚΛΕ
                              Ν
```

```
ΜΕΛΑΝΘΙΟΥΤΟΥΔΗΜΗΤΡΙΟΥΤΟΥ
ΜΕΛΑΝΘΙΟΥΙΑΤΡΟΥΤΟΜΝΗΜΑ
```

```
ΕΥΔΕΙΣΩΦΙΛΟΤΕΚΝΕΜΕΛΑΝΘΙΕΚΑΙΒΑΘΥΝΥΠΝΟΝ
ΕΥΔΕΙΣΙΑΤΡΩΝΩΠΟΛΥΓΕΙΡΟΤΑΤΕ
ΑΛΛΑΙΔΑΣ Ζ ΩΟΙΣΙΝΕΝΑΝΤΙΟΣΟΣ ΤΟΝΑΡΩΓΟ
ΝΟΥΣΩΝΕΙΣΜΕΡΟΓΩΝΟΥΚΕΦΥΛΑΞΕΝΑΚΗ
                ΕΙΣ ΕΑΥΤΟΝ
ΤΟΝΤΕΧΝΗΙΛΑΜΨΑΝΤΑΜΕΛΑΝΘΙΟΝΙΗΤΗΡΑ
ΧΟΩ     ΣΚΡΥΓΓ ΤΕΙΠΡΕΣΒΥΝΑΛΥΠΟΤΑΤΟΝ
```

```
      ΓΑΙ Λ⁻Σϋ           ΕΝΕΤΟΥΤΟ Α ΛΛΡΗΣ
      ϑΥΜΑ ΛΙΠΩΝΑΤΙ       ΣΞΑΝΑΒΑ
ΕΙΔ                       ΚΑΙΠΑΤΡΙΕΓΕΙΓΗΙ
ΙΕΡΑΤΕ Λ ΑΙΗΣΒΑΙΝΕ   ΛΜ ΣΙΕΩΝ
ΟΥΤΟΙΚΑ ΙΕΚΑΜΟΝΤΟΤΟΝΕΝΓΟΝΑΤΕΣΣΙΓΡΙΗΓΤΟΝ
ΕΡΓΑΤΕ ΛΙΒΩΜΟΥ ΣΣΥΓΓΕΝΕΩΝΕΦΟΡΑΝ
```

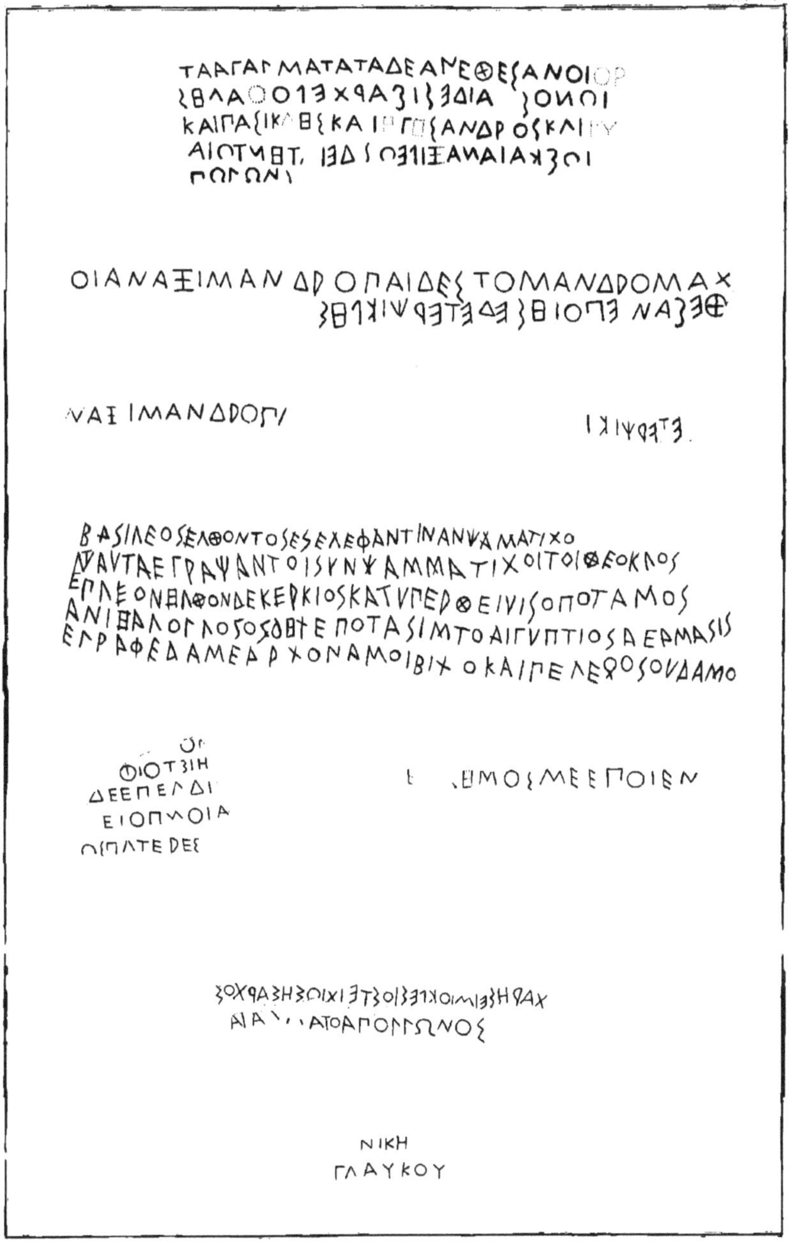

ΤΑΑΓΑΓΜΑΤΑΤΑΔΕΑΝΕΘΕΣΑΝΟΙ...
...ΒΛΑΟΟΙ...Χ9ΑΖΙ...ΔΙΑ...ΟΝΟΙ
ΚΑΙΓΑΣΙΚ...ΒΣΚΑΙ...ΓΣΑΝΔΡΟΣΚΛΙ...
ΑΙΟΤΜΒΤ...ΒΔΣΟ...ΞΑΝΑΙΑΧΟΙ
ΓΟΓΩΝΙ

ΟΙΑΝΑΞΙΜΑΝΔΡΟΠΑΙΔΕΣΤΟΜΑΝΔΡΟΜΑΧ
...ΒΧΙΝ...ΒΙΟ...ΝΑ...

ΝΑΞΙΜΑΝΔΡΟΓΙ   ...ΧΙΝ...

ΒΑΣΙΛΕΟΣΕΛΘΟΝΤΟΣΕΣΕΛΕΦΑΝΤΙΝΑΝΨΑΜΑΤΙΧΟ
ΝΑΥΤΑΕΓΡΑΨΑΝΤΟΙΣΥΝΨΑΜΜΑΤΙΧΟΙΤΟΙΘΕΟΚΛΟΣ
ΕΠΛΕΟΝΗΛΘΟΝΔΕΚΕΡΚΙΟΣΚΑΤΥΠΕΡΘΕΙΝΙΣΟΠΟΤΑΜΟΣ
ΑΝΙΗΑΛΟΓΛΟΣΟΣΔΒΤΕΠΟΤΑΣΙΜΤΟΑΙΓΥΠΤΙΟΣΔΕΡΜΑΣΙΣ
ΕΓΡΑΦΕΔΑΜΕΑΡΧΟΝΑΜΟΙΒΙΧΟΚΑΙΠΕΛΕΡΟΣΟΥΔΑΜΟ

ΦΙΟΤΖΙΗ
ΔΕΕΠΕΛΔΙ   ...ΗΜΟΣΜΕΕΠΟΙΕΝ
ΕΙΟΠΜΟΙΑ
ΟΙΠΛΤΕΔΕΣ

...ΟΧ9ΑΖΗΖΟΙΧΙΕΤΖΟΙΖΖΙΧΟΙΜΙΖΗ9ΑΧ
ΑΙΑ...ΑΤΟΑΓΟΓΓΩΝΟΣ

ΝΙΚΗ
ΓΛΑΥΚΟΥ

www.ingramcontent.com/pod-product-compliance
Lightning Source LLC
Chambersburg PA
CBHW030828270326
41928CB00007B/946